改訂版

日本語中級 J301
―中級前期―
英語版

Intermediate Japanese

石沢弘子

新内康子

関正昭

外崎淑子

平高史也

鶴尾能子

土岐哲

◆

著

スリーエーネットワーク

©1995 by ISHIZAWA Hiroko, SHIN'UCHI Koko, SEKI Masaaki, TONOSAKI Sumiko, HIRATAKA Fumiya, TSURUO Yoshiko, and TOKI Haruya

All rights reserved. No part of this publication may be reproduced, stored in a retrieval system, or transmitted in any form or by any means, electronic, mechanical, photocopying, recording, or otherwise, without the prior written permission of the Publisher.

Published by 3A Corporation.
Trusty Kojimachi Bldg., 2F, 4, Kojimachi 3-Chome, Chiyoda-ku, Tokyo 102-0083, Japan

ISBN978-4-88319-741-5 C0081

First published 1995
Revised Edition 2016
Printed in Japan

To the Learner

I. Purpose of This Book

The aim of this book is to develop the student's language ability principally through reading and writing. The beginning level textbook focuses mainly on learning the spoken language through listening and speaking. This book intends to develop the Japanese language ability of those who have completed the beginning level by giving them practice in reading printed material and expressing their ideas in writing. Specifically, the development of language skills based on reading and writing in this book involves the following:

1. Building on what was learned at the beginning level by learning intermediate level vocabulary, expressions and sentence patterns.
2. Acquiring a proactive way of reading, which goes beyond just focusing on the printed characters, paying attention to the points listed below.
   - Reading with purpose
   - Bringing previous knowledge and experience into use while reading
   - Reading with an awareness of problems. This means trying to find answers to the questions that come into your mind while reading the text.
   - Paying attention to sentence structure
   - Focusing on visual information such as that in illustrations and photographs, as well as the printed text
3. Developing autonomous learning ability.
   As you continue to study Japanese, try to find your own way of learning, keeping the points in 2. above in mind.

II. Students This Book is Intended for

1. Those who have completed the beginning level, i.e. those who have completed about 300 hours of Japanese study.
2. Those who have listening and speaking ability but wish to acquire basic reading and writing skills.

III. Composition of This Book

1) 読むまえに (Before You Read a Text)

   Look at the photographs, graphs, illustrations, or other information and discuss the questions as a class, using your imagination. The objective of Before You Read the Text is to aid understanding in reading by bringing everyone's previous background knowledge into action.

2) 本文（ほんぶん）(Text)

   Read the text making use of the knowledge you have brought into action in 読（よ）むまえに. If there are expressions that you cannot understand, use your previous knowledge to infer their meaning. It does not matter if you do not understand the fine meanings of individual words and phrases; try to understand the meaning of the text that you are reading as a whole.

3) 文章（ぶんしょう）の型（かた）(Discourse Pattern)

   Next, noting the discourse pattern, read 本文 once more. It is also important to pay attention to conjunctions while reading. Read it while filling in the blank spaces in 文章（ぶんしょう）の型（かた）.

4) Q & A（Questions and Answers on the Text）

   Here, you check if you have understood the text or not. If you feel a question is difficult, thinking about why it is difficult, use it as an opportunity to review the way you are reading the text.

5) Grammar Notes

   In Grammar Notes, you learn important points of grammar that appear in 本文（ほんぶん）. The important points selected include the use of compound particles, conjunctive words and phrases, expressions and formats that indicate intention at the end of a sentence.

6) 練習（れんしゅう）(Practice on Grammar Notes)

   This section is for practice in using the points in Grammar Notes.

7) ことばのネットワーク（Vocabulary Practice）

   Here, the purpose is to increase vocabulary with the focus on new words appearing in the text as well as related vocabulary. Use your imagination when doing the exercises.

8) 書（か）いてみよう・話（はな）し合（あ）ってみよう (Let's Write・Let's Talk)

   This gives you practice in writing your thoughts according to 文章（ぶんしょう）の型（かた） and in talking about topics related to the text together.

9) あっ、これなに？（What's This?）

   In this section, you read various materials from the real world such as memos, posters and advertisements seen in daily life. It's good to talk about them in class.

10) CD

    The CD contains recorded material from 本文（ほんぶん）. The numbers under 🎧 on the 本文（ほんぶん） page correspond to the track numbers.

IV. Representation and symbols used

1) As a general rule, words are represented in 漢字 according to 常用漢字表 (Table of Regularly Used Chinese Characters) and its Appendix, but with some exceptions.

   ① In the case of words that would include kana based on 常用漢字表, representation has been standardized using 漢字 not in the table, for the kana.

   ② In 本文, words are represented using the same characters as in the source material as a general rule. To fit in with 本文, kana are used for words in practice exercises and example sentences in some places.

2) Symbols used in Grammar Notes

   V： Verb
   い-adj： い-adjective
   な-adj： な-adjective
   N： Noun
   ○： Correct
   ×： Wrong
   ?： Unnatural expression
   →： Indicates a reference, a change

We hope that you will all enjoy learning Japanese from this book and that it will further improve your Japanese.

この教科書をお使いになる先生方へ

Ⅰ．本書のめざすもの

　中級への移行期は、ことばの学習それ自体が主たる目的であった初級段階から、現実世界とのかかわりが増していく段階へと移る時期です。そのため、初級段階とは異なる学習が求められます。「話す・聞く」にとどまらず「読む・書く」の比重が高まり、ある目的を達成するために、いかに的確に効率的に読むか、書くかのスキルと能力の獲得が大きな課題となります。

　この教科書のめざすものは、読み書きを軸とする言語能力および自己開発能力の養成です。現実の世界をどのように認識し、伝え、どのような新しい世界を作っていくか、そのためのメディアとしての言語の習得を目的としています。

Ⅱ．対象

　1）日本語の初級の学習を終了した人を対象としています。
　2）さまざまな目的で日本語を学習している人を対象とし、学習者のタイプを選ばない教材となっています。

Ⅲ．本書の構成

1．各課の構成とねらい

　全10課で構成され、各課とも以下のパートから成っています。

　1）読むまえに
　　本文を読むまえに、それに関する学習者の先行知識を引き出し、スキーマを活性化することを目的としています。
　2）本文
　　学習者の興味・関心を惹き付けるテーマと内容、そして一定の型を持った文章を精選しました。

3）文章の型

　文には文型があるように、ひとまとまりの文章にもいくつかの型があります。その型を把握しやすくするために各課の本文を図式化して表しています。

4）Q&A

　原則として多肢選択形式の設問から成り、学習者が自分の読みをチェックする機能を果たします。

5）Grammar Notes（文法ノート）

　本文で扱われている文法項目のうち、初級段階（目安として『みんなの日本語 第2版 初級Ⅰ』『同 初級Ⅱ』）において未習で中級前期の段階で必要と思われるものを取り上げ、英語で説明してあります。

6）練習

　文法ノートで取り上げた文法項目の用法を練習します。

7）ことばのネットワーク

　新出語を中心とした語彙表現の拡充がねらいです。漢字の造語成分や漢字語彙の選択、和語から漢語への言い換え、類義表現、成句表現、動詞と助詞の用法などの多様な練習が揃えてあります。

8）書いてみよう・話し合ってみよう

　4技能のバランスにも配慮して、このコーナーを設けました。

　①「書いてみよう」

　「文章の型」に則って書く練習が中心です。

　②「話し合ってみよう」

　話し合いや発表で意見や感想などを述べるときに用いる表現を練習しながら、学習者同士が協力して意見交換ができるように配慮してあります。

このように、課の前半1）〜4）では、本文の構成と内容に関する理解を深め、後半の5）〜7）では文法的・語彙的知識を身につけます。そして、8）ではそれまで学んだことを活用して学習者各自の考えを発表するという構成になっています。

2. あっ、これなに？

コーヒーブレイク的なコーナーですが、この教科書の理念にかかわる役割を担っています。「読む」という行動は日常生活のいたるところで行われていますから、連絡メモや広告なども「読み物」の一つとなります。このコーナーでは、その種の素材を取り上げて、さまざまな「読み」の機会が体験できるように配慮してあります。

3. 音声教材（CD）

付属のCDは「本文」の音声を収録しており、シャドーイングなどの練習にも使用できます。

IV. この教科書の使い方

1）全10課の本文はほぼ易から難へと配列してありますが、初級から中級への橋渡し教材として学習者や機関の事情に合わせて数課を選び、必要なパートだけを取り出して使うことも可能です。

2）1課に10時間ほどの学習時間を想定していますが、機関や学習者のそれぞれの事情に合わせて適宜調整してください。

3）予習を課すことを前提にしていません。ただし、「読むまえに」では課題に関わる写真やイラストなどを持参させる課があります。「書いてみよう・話し合ってみよう」では新出語の意味確認を予習させておけば授業がスムーズに進められる課もあります。

V. 新出語

本書の別冊「新出語」にリストアップされているのは約1,000語です。語彙選定の基準には『みんなの日本語 初級I 第2版』『同 初級II』を用い、原則として同書で提出されている語彙は既習語として除きました。

目次

第1課　舌を出したアインシュタイン

- 読むまえに ……………………………………………… 1
- 本文 ……………………………………………………… 2
- 文章の型 ………………………………………………… 3
- Q & A …………………………………………………… 4
- Grammar Notes ………………………………………… 5
- 練習 ……………………………………………………… 7
- ことばのネットワーク ………………………………… 9
- 書いてみよう …………………………………………… 11
- 話し合ってみよう ……………………………………… 12

第2課　わたしと小鳥とすずと

- 読むまえに ……………………………………………… 13
- 本文 ……………………………………………………… 14
- 文章の型 ………………………………………………… 15
- Q & A …………………………………………………… 16
- Grammar Notes ………………………………………… 17
- 練習 ……………………………………………………… 19
- ことばのネットワーク ………………………………… 21
- 書いてみよう …………………………………………… 22
- 話し合ってみよう ……………………………………… 25

第3課　ロボットの始まりは

- 読むまえに ……………………………………………… 27
- 本文 ……………………………………………………… 28
- 文章の型 ………………………………………………… 29
- Q & A …………………………………………………… 30
- Grammar Notes ………………………………………… 31
- 練習 ……………………………………………………… 35
- ことばのネットワーク ………………………………… 37
- 書いてみよう …………………………………………… 39
- 話し合ってみよう ……………………………………… 41

あっ、これなに？ **1** ……………………………………………………… 42
呼(よ)び出(だ)し
ご不在連絡票(ふざいれんらくひょう)

第(だい)4課(か)　写真好(しゃしんず)きの日本人(にほんじん)は、なぜ家族(かぞく)の写真(しゃしん)を職場(しょくば)に飾(かざ)らないのか

読(よ)むまえに ……………………………………………… 45
本文(ほんぶん) ………………………………………………… 46
文章(ぶんしょう)の型(かた) …………………………………………… 47
Q & A ………………………………………………… 48
Grammar Notes ……………………………………… 49
練習(れんしゅう) ………………………………………………… 53
ことばのネットワーク ……………………………… 56
書(か)いてみよう …………………………………… 58
話(はな)し合(あ)ってみよう ………………………………… 60

第(だい)5課(か)　どのくらい待(ま)たされるとイライラしますか

読(よ)むまえに ……………………………………………… 61
本文(ほんぶん) ………………………………………………… 62
文章(ぶんしょう)の型(かた) …………………………………………… 63
Q & A ………………………………………………… 64
Grammar Notes ……………………………………… 65
練習(れんしゅう) ………………………………………………… 69
ことばのネットワーク ……………………………… 72
書(か)いてみよう …………………………………… 74
話(はな)し合(あ)ってみよう ………………………………… 76

第6課　妖怪ブームが根強いのはなぜ？

- 読むまえに ……………………………………………… 77
- 本文 ……………………………………………………… 78
- 文章の型 ………………………………………………… 79
- Q & A …………………………………………………… 80
- Grammar Notes ………………………………………… 81
- 練習 ……………………………………………………… 84
- ことばのネットワーク ………………………………… 86
- 書いてみよう …………………………………………… 88
- 話し合ってみよう ……………………………………… 89

あっ、これなに？2 …………………………………… 90
なぜ後ろを、気にしないの？　前向きはいいことだけど。

第7課　"想定外"の地震だった？

- 読むまえに ……………………………………………… 91
- 本文 ……………………………………………………… 92
- 文章の型 ………………………………………………… 93
- Q & A …………………………………………………… 94
- Grammar Notes ………………………………………… 95
- 練習 ……………………………………………………… 101
- ことばのネットワーク ………………………………… 104
- 書いてみよう …………………………………………… 106
- 話し合ってみよう ……………………………………… 107

第8課　クジラと日本人

- 読むまえに ……………………………………………… 109
- 本文 ……………………………………………………… 110
- 文章の型 ………………………………………………… 111
- Q & A …………………………………………………… 112
- Grammar Notes ………………………………………… 113
- 練習 ……………………………………………………… 116
- ことばのネットワーク ………………………………… 118
- 書いてみよう …………………………………………… 120
- 話し合ってみよう ……………………………………… 121

第9課　サルの視力検査

　読むまえに ……………………………………… 123
　本文 ……………………………………………… 124
　文章の型 ………………………………………… 125
　Q＆A ……………………………………………… 126
　Grammar Notes ………………………………… 127
　練習 ……………………………………………… 132
　ことばのネットワーク ………………………… 136
　書いてみよう …………………………………… 138
　話し合ってみよう ……………………………… 139

あっ、これなに？3 …………………………… 141
　それは、思いやりのタオル。

第10課　子どもの絵

　読むまえに ……………………………………… 143
　本文 ……………………………………………… 144
　文章の型 ………………………………………… 145
　Q＆A ……………………………………………… 146
　Grammar Notes ………………………………… 147
　練習 ……………………………………………… 152
　ことばのネットワーク ………………………… 155
　書いてみよう …………………………………… 157
　話し合ってみよう ……………………………… 159

語彙索引 ………………………………………… 162

Table of Contents …………………………… 178

別冊
　新出語
　解答

第1課
だい か

読むまえに
よ

1. この人はだれでしょう。
   ひと

（写真提供：Super stock / PPS通信社）

2. この人について知っていることを話してみましょう。
   ひと   し   はな

本文　舌を出したアインシュタイン

01

（写真提供：Bridgeman / PPS通信社）

　この「舌を出したアインシュタイン」の写真は、1951年3月14日、アインシュタインの72歳の誕生日に撮影されました。この日、プリンストンのクラブで行われた彼の誕生パーティーが済んだあと、アインシュタインは車に乗り込んで帰宅しようとしていました。そこへ、大勢いたカメラマンのうちの一人が車のそばまで来て、「笑ってください」と注文をつけてカメラを向けたところ、アインシュタインはすぐにこの表情で応じたのです。

平井正則監修、三品隆司＋studio HETERO編（1993）
『[図解] アインシュタインの世界─天才物理学者に関する60の疑問』PHP研究所より

文章の型

___に語句を入れて、本文のできごとが起こった時間と場所を考えましょう。

1. いつ

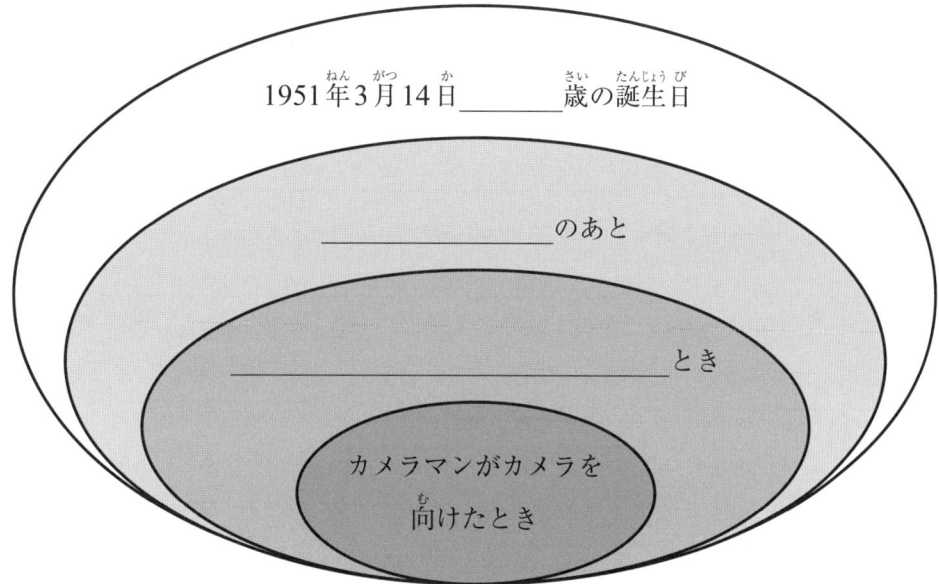

2. どこで

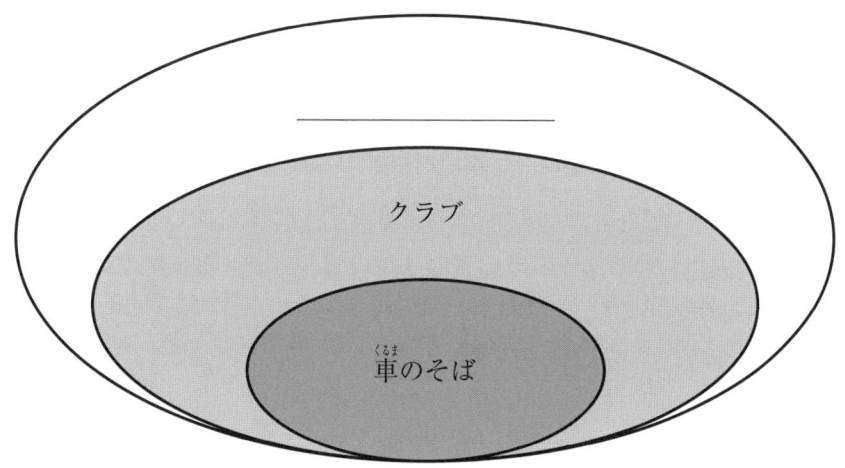

Q & A

1. 次の質問に答えてください。

    a． アインシュタインの誕生日はいつですか。
      → _____。
    b． この写真が撮られたとき、アインシュタインは何歳でしたか。
      → _____。
    c． 誕生パーティーはどこで行われましたか。
      → _____。
    d． この写真はいつ、どこで撮られましたか。
      → _____。

2. カメラマンがアインシュタインを写そうとしたとき、アインシュタインは何をしていましたか。正しいものを1つ選んでください。

    a． 誕生パーティーが終わるまえに、写真を撮ってもらおうと車のそばに立っていた。
    b． 誕生パーティーが終わるまえに、車に乗って帰ろうとしていた。
    c． 誕生パーティーが終わったので、写真を撮ってもらおうと車のそばに立っていた。
    d． 誕生パーティーが終わったので、車に乗って帰ろうとしていた。

3. この写真が撮られたときの様子を正しく説明しているものはどれですか。

    a． カメラマンが笑ったので、アインシュタインもこの表情をした。
    b． カメラマンの一人に笑うように言われてから、アインシュタインは考えてこの表情をした。
    c． カメラマンみんなに笑うように言われたので、アインシュタインはすぐにこの表情をした。
    d． あるカメラマンに笑うように言われたので、アインシュタインはすぐにこの表情をした。

Grammar Notes

1. 〜あと、… ... after 〜

Vた-form
N＋の ｝あと、…

Indicates a temporal before/after relationship between two events. It means that (…) will occur following the event indicated by (〜). Similar expressions are あとで and あとに which have virtually the same meaning.

a. 彼の誕生パーティーが済んだあと、アインシュタインは車に乗り込んで帰宅しようとしていました。
After his birthday party was over, Einstein had got into a car and was about to go home.

b. アベベさんが帰った {あと／あとで／あとに}、イワンさんも帰った。
After Abebe-san went home, Iwan-san also went home.

c. 大きな事故の {あと／あとで／あとに}、またひどい事故が起きた。
After the major accident, another terrible accident occurred.

However, when the time indicated by the main clause (underlined part) is long, あと is the most natural and あとに cannot be used.

d. 大学に入った {あと／？あとで／×あとに}、しばらく友達ができなかった。
After entering university, for a while I couldn't make any friends.

2. 〜とする　be about to 〜, be going to 〜

V volitional form ＋とする

Expresses the volition of the agent in a situation that has not been realized. For example, 飲もうとする, 食べようとする, 来ようとする, しようとする. They all indicate the activity just before it starts.

a. アインシュタインは車に乗り込んで帰宅しようとしていました。
Einstein had got into a car and was about to go home.

b. 電車の中で娘が電話をしようとしたので、注意した。
As my daughter was about to phone on the train, I cautioned her.

c. 父が帰って来たとき、私はちょうど出かけようとしていた。
When my father came home, I was about to go out.

"Volitional form ＋と思っている" is used when conveying the speaker's volition or plan.

  d．お正月は家族と過ごそうと思っています。
    I am thinking of spending New Year with my family.

3．〜うち　among ~

Nの＋うち

Used to focus on one or more of a number of persons or things. It is used with virtually the same meaning as なか.

  a．大勢いたカメラマンの｛うち／なか｝の一人が車のそばまで来て、……
    Among the many photographers, one came near the car....
  b．兄弟4人の｛うち／なか｝で、だれが一番背が高いですか。
    Who is the tallest among you and your 3 siblings?
  c．この5つの｛うち／なか｝から、好きなものを1つ選んでください。
    Choose the one that you like from among these 5.

4．〜ところ、　upon ~

Vた-form ＋ところ、

Indicates encountering something unnoticed or unexpected in a situation in the main clause following "Vた-form ＋ところ".

  a．「笑ってください」と注文をつけてカメラを向けたところ、アインシュタインはすぐにこの表情で応じたのです。
    On being asked to smile and having a camera pointed at him, Einstein responded by sticking his tongue out.
  b．私の町について調べたところ、去年、約1,700人の子どもが生まれたことがわかった。
    Upon checking data for my town, I found that around 1,700 children were born last year.
  c．図書館を出ようとしたところ、ゲートでブザーが鳴った。
    Upon leaving the library, a buzzer sounded at the gate.

練習

1. 〜あと、…

例) __彼と別れた__ あと、彼の優しさに気がつきました。

1) _____あと、漢字の間違いに気がつきました。
2) _____あと、友達の家へ遊びに行きます。
3) _____あと、車の運転をしてはいけません。
4) 子どもが寝たあと、_____。

2. 〜とする

例) 地震があったとき、私はちょうど __晩ご飯を作ろう__ としていた。

1) 友達が遊びに来たとき、私はちょうど_____としていた。
2) 私が_____とすると、いつも弟がじゃまをする。
3) _____としても、なかなかうまくいかない。
4) 昨日のことを彼女に謝ろうとしたが、_____。

3. 〜うち

例) 昨日買ったお皿のうちの __1枚が割れていた__ 。

1) アルバイト代の5万円のうちから、_____。
2) 入学試験を受けた4校のうちで、_____。
3) _____10人のうちの_____。
4) _____のうちで、この映画が一番おもしろかった。

4．〜ところ、

例）家にあった古い絵について調べてもらったところ、<u>有名な画家の作品だと</u> わかった。

1）授業を休んでいる王さんについて友達に聞いたところ、

　　_____ことがわかった。

2）スーパーへ買い物に行ったところ、_____。

3）ジョンさんを映画に誘ったところ、_____。

4）田中さんに古い自転車をあげたところ、_____。

ことばのネットワーク

1. 下線を引いたことばとだいたい同じ意味になることばを □ から選び、必要なら適当な形に変えて書きましょう。

例）記念写真を<u>撮る</u>ので、集まってください。　　　　　　　（　撮影する　）

1）日本の学校は4月に入学式を<u>する</u>。　　　　　　　　　　　（　　　　　）
2）夕方6時を過ぎると、<u>家に帰る</u>人で電車が混む。　　　　　（　　　　　）
3）そちらの用事が<u>終わったら</u>、こちらを手伝ってください。　（　　　　　）
4）このタイ料理の店は客の好みに<u>応えて</u>味や量を調節してくれる。（　　　　　）

済む　帰宅する　応じる　撮影する　行う

2.「つく」か「つける」を適当な形に変えて書きましょう。

例1）電気が（　ついて　）いますから、消してください。
例2）危ないので、車に気を（　つけて　）ください。

1）私は毎日日記を（　　　　　）います。
2）一生懸命勉強して早く日本語を身に（　　　　　）たいです。
3）発表のまえに何回も練習をすれば、自信が（　　　　　）ます。
4）カメラマンはモデルにいろいろ注文を（　　　　　）ながら、撮影しています。
5）この旅館は夕食と朝食が（　　　　　）、1泊8,000円です。

3. （　　）に入ることばを□から選び、必要なら適当な形に変えて書きましょう。

例）窓のガラスが割れている。ここからどろぼうが（　入り込んだ　）ようだ。

1）この掃除機は（　　　　　）力が強いので、すぐに部屋がきれいになる。
2）急に雨が降ってきたので、急いで近くのコンビニに（　　　　　）。
3）東京駅で人が大勢（　　　　　）来て、電車は満員になった。
4）夏休みは旅行者が多いので、2か月前に旅行会社に（　　　　　）おきました。
5）彼は川に落ちた子どもを見て、すぐ（　　　　　）助けた。

| 駆け込む　吸い込む　入り込む　飛び込む　申し込む　乗り込む |

4. （　　）の中に体の一部を表す漢字を1字書きましょう。そして、下線を引いたことばとだいたい同じ意味になることばを□から選びましょう。

例）留学した息子の帰りを（　首　）を長くして待つ。　　（楽しみにする）

1）毎日授業が多くて（　　　）が回る。　　　　　　　　（　　　　　）
2）その子のサッカーのうまさには、コーチも（　　　）を巻いた。（　　　　　）
3）遠足に行って20キロも歩いたので、（　　　）が棒になった。（　　　　　）
4）荷物を運ぶので、ちょっと（　　　）を貸してください。（　　　　　）
5）友達に悪口を言われて、（　　　）にきた。　　　　　（　　　　　）

| 手伝う　忙しい　疲れる　怒る　楽しみにする　感心する |

書いてみよう

1. （　）のことばを適当な形に変えて書きましょう。

1）（2010年、7月7日）　この写真は＿＿＿＿＿＿＿＿＿＿＿＿＿＿＿撮影されました。
2）（4年前、春）　　　　これは＿＿＿＿＿＿＿＿＿＿＿＿＿＿＿撮影された写真です。
3）（「乾杯」と言う）　　＿＿＿＿＿＿＿＿＿＿＿＿＿＿＿あと、撮影されました。

2. あなたが写っている忘れられない写真について書きましょう。

1）その写真が撮られた時間と場所を＿＿に書いてください。

①　いつ

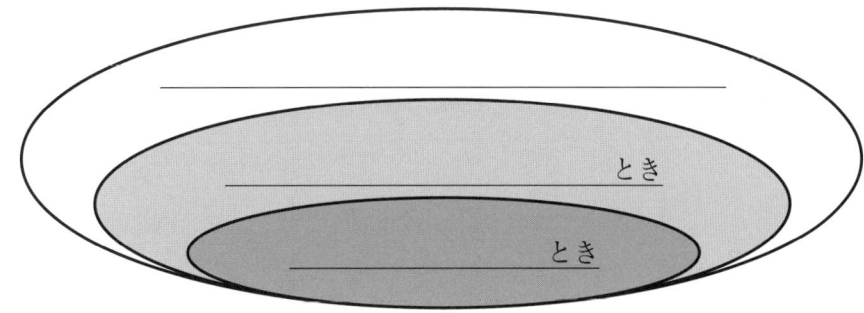

②　どこで

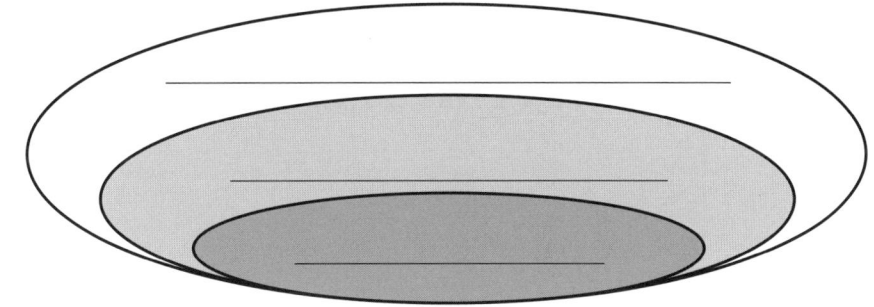

2）1）で書いた語句を使って、丁寧体で、200～300字ぐらいの文章を書いてください。

3）書いた文章を他の人に読んでもらいましょう。間違いが見つかったら自分で直して、もう一度読みましょう。

話し合ってみよう

1. 次のことばの使い方を練習しましょう。

> a．優しい　　　　b．意地悪な　　c．明るい　　d．おとなしい
> e．ユーモアがある　f．気が強い　　g．真面目な

1) パクさんは（　　　）人です。心配なことや嫌なことがあってもいつもニコニコしています。
2) マリオさんは、なくしてしまった鍵を一緒に探してくれる（　　　）人です。
3) 林さんは（　　　）ので、困ったときでも悲しいときでも泣いたりしません。
4) マリアさんは、いつも一生懸命で、決められたことはきちんと守る（　　　）人です。
5) 田中さんは（　　　）ので、みんなで話しているときもあまり話しません。
6) 木村先生は厳しいですが、ときどきおもしろいことを言って学生を笑わせる（　　　）先生です。
7) 山下さんは、入学試験にとても役に立つ本を知っているのに教えてくれないので、（　　　）人だなと思ってしまいます。

2. グループに分かれて話し合いましょう。

1) アインシュタインはなぜ舌を出したのだと思いますか。
2) 本文の写真を見て、アインシュタインはどんな人だと思いますか。

第2課

読むまえに

1. 次の絵のなかであなたができるものは何ですか。クラスの人にも聞いてみましょう。絵のなかになければ説明してください。

2. 左側に絵で示してあるものができることを右側から選んでください。

洋服を入れる

見る人を喜ばせる

部屋をきれいにする

空をとぶ

メモする

本文 わたしと小鳥とすずと

わたしが 両手を ひろげても、
お空は ちっとも とべないが、
とべる 小鳥は わたしのように、
地面を はやくは 走れない。

わたしが からだを ゆすっても、
きれいな 音は でないけど、
あの 鳴る すずは わたしのように
たくさんな うたは 知らないよ。

すずと、小鳥と、それから わたし、
みんな ちがって みんな いい。

金子みすゞ（1984）『金子みすゞ童謡集 わたしと小鳥とすずと』矢崎節夫選 JULA出版局より

文章(ぶんしょう)の型(かた)

02

CDを聞(き)いて（　　）に書(か)き入(い)れましょう。

わたしが（　　）、
（　　）とべないが、
（　　）小鳥(ことり)は（　　）、
（　　）走(はし)れない。

わたしが（　　）、
（　　）でないけど、
（　　）すずは（　　）、
（　　）知(し)らないよ。

すずと、小鳥(ことり)と、それから　わたし、
みんな（　　）みんな（　　）。

Q & A

1. 「わたし」「小鳥」「すず」は何ができて、何ができませんか。下の☐から選び、記号を書いてください(同じ記号を2回使います)。

	できる	できない
わたし		
小鳥		
わたし		
すず		

> a．空をとぶ　　　　　　　　　b．地面をはやく走る
> c．たくさんのうたをうたう　　d．きれいな音をだす

2. 次の文のうち、この詩の内容と合っているものを1つ選んでください。

　　a．すずはわたしよりうたをたくさん知っている。
　　b．わたしはすずと同じくらいきれいな音がだせる。
　　c．わたしは小鳥よりはやく走れる。
　　d．わたしは両手をひろげれば、空をとべる。
　　e．小鳥は空をとべばきれいな音がでる。

3. どうして「みんないい」のですか。

　　わたし：_____。
　　小鳥　：_____。
　　すず　：_____。

4. 作者がこの詩で一番言いたいことはどこに書かれていますか。

Grammar Notes

1. 対比の「は」　Contrastive は

   N ＋を／が
   N ＋に／から／で／まで／（へ）／etc.
   い-adj　～い→く
   な-adj　～だ→に／で
   Quantifier
   Adverb
   ｝は

   At the elementary level, you learned comparisons using the noun ＋は as in (b). The contrastive は can also be used with い-adjectives, な-adjectives, quantifiers and adverbs. The contrasted parts in (a)-(d) are underlined. As in (a), there is the case in which the content to be compared is not stated clearly but implied. For instance, (a) is a comparison with 遅くは走れる (can run slow).

   a. とべる小鳥はわたしのように、地面をはやくは走れない。
      A little bird that can fly cannot run <u>fast</u> on the ground like me.
   b. お茶は飲みますが、コーヒーは飲みません。
      I drink <u>tea</u> but not <u>coffee</u>.
   c. 私は甘い物が苦手です。少しは食べられますが、たくさんは食べられません。
      I don't really like sweet things. I can eat <u>a little</u> of something sweet but not <u>a lot</u>.
   d. あの歌手は嫌いではありませんが、好きにはなれません。
      I do not <u>dislike</u> that singer but cannot come to <u>like</u> him/her.

2. ～ように　like ~, as if ~

   V
   い-adj　｝plain form
   な-adj　plain form（exception：～だ→な）
   N　　　plain form（exception：～だ→の）
   ｝ように

   Used when giving an example to illustrate. It modifies a verb or adjective that follows.

   a. とべる小鳥はわたしのように、地面をはやくは走れない。
      A little bird that can fly cannot run fast on the ground like me.

b．1月なのに今日は春**のように**暖かい。
　　It's January, but today is warm like spring.

c．このホテルから見える景色は絵にかいた**ように**美しい。
　　The view from this hotel is beautiful; like it was painted in a picture.

わたしのようにmodifies走れない, 春のようにmodifies暖かい and 絵にかいたようにmodifies美しい.

〜ような can be used illustratively to modify a noun that follows.

d．あそこにお寺**のような**建物がある。
　　There's a building like a temple there.

e．このソースはマヨネーズ**のような**味がする。
　　This sauce tastes like mayonnaise.

f．ガラスが割れた**ような**音がした。
　　It sounded like breaking glass.

When it is not necessary to mention specifically the thing that is being used for illustration (e.g. when explaining something while showing a picture or photo), it is convenient to use このように, そのように, あのように or このような, そのような, あのような.

3．〜みたいに　like 〜, as if 〜

V
い-adj　} plain form
な-adj
N　　} plain form（exception：〜だ）　} みたいに

〜みたいに has virtually the same meaning as 〜ように. It is much used in conversation when giving similar examples. In the case of nouns and な-adjectives, the connection of the sentence differs from that with 〜ように.

a．1月なのに今日は春**みたいに**暖かい。
　　It's January, but today is warm like spring.

b．鳥**みたいに**空をとびたい。
　　I want to fly like a bird.

c．ホテルから見える景色は絵にかいた**みたいに**きれいだ。
　　The view from the hotel is beautiful; like it was painted in a picture.

When a following noun is modified, みたいな is used.

d．あそこにお寺**みたいな**建物がある。
　　There's a building like a temple there.

練習

1. は

例) A： Bさんは、日本の有名な山を知っていますか。（たくさん・少し）
B： ＿＿たくさんは知りませんが、少しは知っています＿＿。

1) A： このあたりにコンビニがありますか。（この近く・駅前）
   B： ＿＿＿＿＿＿＿＿＿＿＿＿＿＿＿＿＿＿＿＿＿＿＿＿＿＿＿。

2) A： 日本語で縦書きの手紙をはやく書けますか。（はやい・上手）
   B： ＿＿＿＿＿＿＿＿＿＿＿＿＿＿＿＿＿＿＿＿＿＿＿＿＿＿＿。

3) A： もう宿題は終わりましたか。（だいたい・全部）
   B： ＿＿＿＿＿＿＿＿＿＿＿＿＿＿＿＿＿＿＿＿＿＿＿＿＿＿＿。

2. ～ように／～ような①

例1) 雪で遊んでいたら手が冷たくなった：氷
→ ＿＿雪で遊んでいたら手が氷のように冷たくなった＿＿。

例2) かばんに絵がかいてある：猫
→ ＿＿かばんに猫のような絵がかいてある＿＿。

1) このバッグはおもしろい形です：りんご
→ このバッグは＿＿＿＿＿＿＿＿＿＿＿＿＿＿＿＿＿＿＿＿＿。

2) 息子がベッドで眠っている：死んだ
→ ＿＿＿＿＿＿＿＿＿＿＿＿＿＿＿＿＿＿＿＿＿＿＿＿＿＿＿。

3) このホテルの窓から景色が見える：絵はがき
→ ＿＿＿＿＿＿＿＿＿＿＿＿＿＿＿＿＿＿＿＿＿＿＿＿＿＿＿。

4) 鈴木さんが泣いている：＿＿＿＿＿＿
→ ＿＿＿＿＿＿＿＿＿＿＿＿＿＿＿＿＿＿＿＿＿＿＿＿＿＿＿。

5) この町は交通が便利だ：＿＿＿＿＿＿
→ ＿＿＿＿＿＿＿＿＿＿＿＿＿＿＿＿＿＿＿＿＿＿＿＿＿＿＿。

3. ～ように／～ような②

例） どんなスポーツが好きですか。
　　→ __相撲や柔道のように、日本の伝統的なスポーツが好きです__ 。
　　　 __相撲や柔道のような日本の伝統的なスポーツが好きです__ 。

1） どんな仕事がしたいですか。
　　→ _____ 。
　　　 _____ 。

2） 将来どんな所に住みたいですか。
　　→ _____ 。
　　　 _____ 。

3） どんな会社で働きたいですか。
　　→ _____ 。
　　　 _____ 。

4. ～みたいに／～みたいな

例） 鳥みたいに、__空をとび__ たい。

1） 子どものときみたいに、_____たい。

2） _____みたいに、_____たい。

3） _____みたいな甘いお菓子が好きです。

ことばのネットワーク

1. ☐の中のことばと関係がある動詞を書きましょう。

例)
```
電話
メガネ        を ( かける )。
壁に絵
```

1)
```
電話
すず          が (        )。
目覚まし時計
```

2)
```
飛行機
鳥            が (        )。
風で紙
```

3)
```
テーブルに大きな地図
飛行機のように両手              を (        )。
汚れないようにひざにハンカチ
```

2. 左の漢字と一緒に使えない漢字を(　)の中から1つ選びましょう。

例) 体 (験 ・ 重 ・ 力 ・ 生)

1) 両 (親 ・ 子 ・ 手 ・ 側)　　2) 地 (震 ・ 人 ・ 図 ・ 球)
3) 小 (赤 ・ 鳥 ・ 犬 ・ 型)　　4) 音 (楽 ・ 量 ・ 苦 ・ 質)

3. 次はラジオ体操のやり方です。説明に合う絵を下のa〜gから選びましょう。

例）からだを回す　　　（ b ）

1）腕を上に伸ばす　　（　）　2）からだを横に曲げる　（　）
3）両足でとぶ　　　　（　）　4）全身を軽くゆする　　（　）
5）からだをねじる　　（　）　6）からだを前に倒す　　（　）

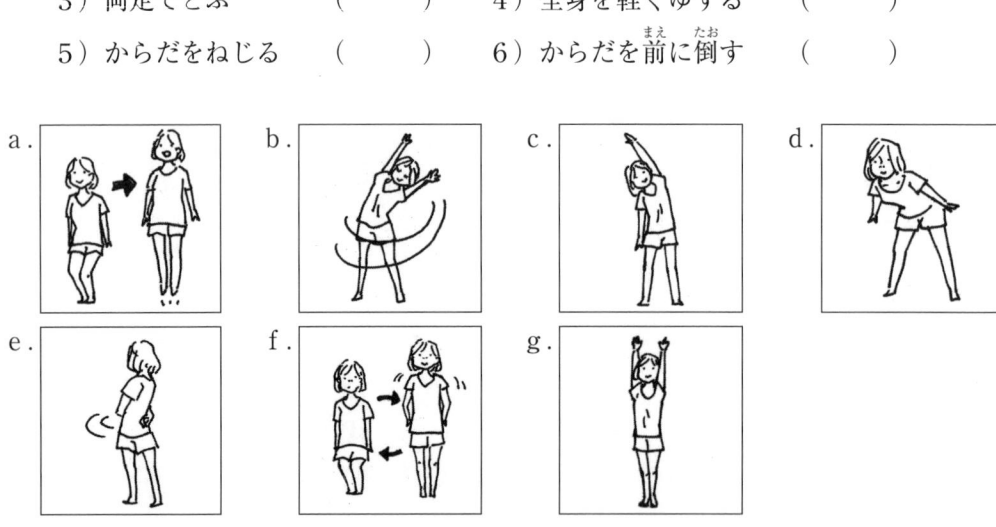

4. ☐の中の漢字を同じ仲間に分けましょう。

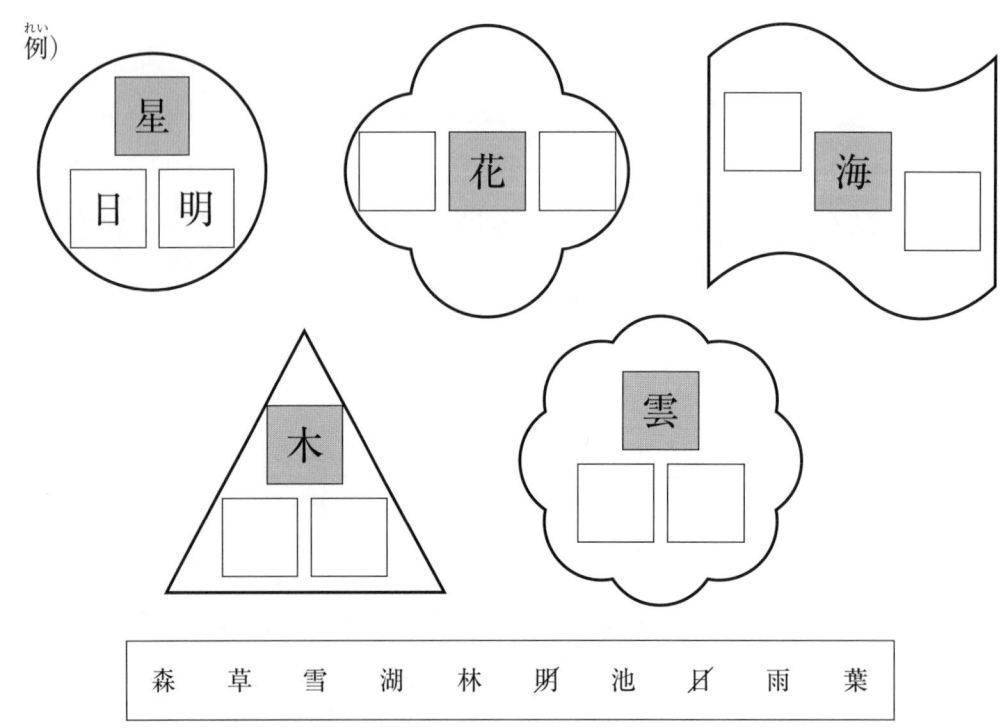

書いてみよう

1. 次のことができますか、できませんか。下の表に書きましょう。

   | ・1,000m泳ぐ | ・スキーをする | ・折り紙をする | ・ピアノを弾く |
   | ・ケーキを作る | ・パソコンを修理する | ・猫と話をする | ・ひらがなを書く |

できる	できない
例）1,000m泳げる	例）スキーができない
・	・
・	・
・	・
・	・

2. あなたの友人は、それぞれどんなところがいいですか。

   1) _____さん

   _____。

   2) _____さん

   _____。

   3) _____さん（他の人たちとどうちがうかも書きましょう）

   _____。

3. 本文を見ながら、あなたや友人のことを普通体で書いてみましょう。

> 例)「わたしと キャシーさんと イワンさんと」
>
> わたしが どんなに 練習しても、
> 英語は ちっとも 話せないが、
> 英語が 話せる キャシーさんは わたしのように、
> パソコンを 上手には 使えない。
>
> わたしが ギターを 弾いても、
> きれいな 音は でないけど、
> ギターが 上手な イワンさんは わたしのように、
> 日本の うたは 知らないよ。
>
> キャシーさんと イワンさんと それから わたし、
> みんな ちがって みんな いい。

話し合ってみよう

1. 次のことばの使い方を練習しましょう。

人口	活気がある	春／夏／秋／冬	雨季／乾季
温度／湿度	気候がいい	港／空港／駅	交通が便利だ
自然が豊かだ	農業／商業／工業が盛んだ		歴史／文化

   1）わたしが生まれた所は、＿＿＿＿＿＿＿＿＿＿＿＿＿＿＿＿＿＿＿＿＿＿。
   2）わたしが今住んでいる所は、＿＿＿＿＿＿＿＿＿＿＿＿＿＿＿＿＿＿＿。
   3）（　　　　　　　　　）は、＿＿＿＿＿＿＿＿＿＿＿＿＿＿＿＿＿＿＿。

2. グループに分かれて話し合いましょう。

   1）あなたの国は、どんなところがいいですか。
   2）他の人の国についても聞いてみましょう。

3. 本文の詩を読んで、どう思ったか話しましょう。

第3課

読むまえに

1. あなたはどんなロボットを知っていますか。

2. 次のロボットは何をするロボットだと思いますか。

（ア）

（イ）

（提供：ハウステンボス 変なホテル）

（ウ）

本文 ロボットの始まりは

　ロボットという言葉が生まれたのは、1920年のことだ。チェコスロバキアの作家カレル・チャペックの戯曲に初めて登場した。チャペックが描いたのはヒト型のロボットで、人間に代わって労働をする存在として示された。日本ではその後、1951年に登場した手塚治虫の『鉄腕アトム』によって、人間のパートナーとしてのヒト型ロボットのイメージが定着した。

　このような例から分かるように、ロボット作りは、ヒトの外観や動作を模倣することから始まった。作り手にとっては興味とチャレンジの対象、一般の人々にとってはエンターテイメントと好奇の対象、そして、スポンサーにとっては大勢の観客を集めて楽しませる手段だった。ロボットの始まりは、ヒトをまねること、つまり"疑似人間"を作ることが目的だったと言える。

『ロボットはなぜ生き物に似てしまうのか』（鈴森康一 著、講談社ブルーバックス）より一部改変

文章の型

表の空いているところや＿＿に適当な語句を入れましょう。

ロボットの始まりについて

国	チェコスロバキア	日本
誕生	1920年	
作者	カレル・チャペック	
作品	戯曲	『鉄腕アトム』
種類	ヒト型のロボット	
イメージ		人間のパートナー

ロボットとは

作り手	一般の人々	
興味とチャレンジの対象		大勢の観客を集めて楽しませる手段

結論

ロボットの始まり：＿＿＿＿＿＿＿＿＿＿を模倣すること

　　　　　　　＝＿＿＿＿＿をまねること

　　　　　　　＝＿＿＿＿＿＿を作ること

Q & A

1. ロボットという言葉はいつ、どこで生まれましたか。

    → _____。

2. チャペックが描いたのはどんなロボットでしたか。

    a. 人間の代わりに働くロボット
    b. 人間のパートナーになるロボット
    c. 大勢の観客を楽しませるロボット

3. 日本ではロボットはどのようなイメージが定着しましたか。

    a. 人間に代わって労働をする存在
    b. 人間のパートナーとしての存在
    c. 興味とチャレンジの対象

4. ロボットは、はじめはだれにとってどのようなものでしたか。
    正しくないものを1つ選んでください。

    a. 作り手にとって興味とチャレンジの対象
    b. 一般の人々にとって好奇の対象
    c. スポンサーにとってエンターテイメントの対象

5. 「"疑似人間"を作ること」はどういう意味ですか。

    a. 人間のパートナーを作ること
    b. 観客を集めて楽しませること
    c. ヒトをまねること

Grammar Notes

1. 〜という used to define or name something (cf. 〜という… in Lesson 4-6)

N1　という　N2

Used in definitions and giving names. N1 defines N2.
　a．ロボット**という**言葉が生まれたのは、1920年のことだ。
　　　The word robot was created in 1920.
　b．外人**という**言い方は好きではありません。
　　　I don't like the expression "gaijin" (foreigner).

In (c) and (d) below, it is used to indicate that the speaker (or writer) thinks that the listener (or reader) does not know anything about N1.
　c．「白い恋人たち」**という**フランス映画を見ました。
　　　I saw a French movie called "13 Days in France".
　d．昨日、田中良雄さん**という**人が来ましたよ。
　　　Yesterday, someone called Yoshio Tanaka came.

2. 〜のは…だ　 the thing that ~ was/is ...

V　　　　⎫
い-adj　 ⎬ plain form
　　　　 ⎭　　　　　　　　　　　　　　　⎫
　　　　　　　　　　　　　　　　　　　　⎬ のは　N　だ
な-adj　 ⎫　　　　　　　　　　　　　　　⎭
　　　　 ⎬ plain form（exception：〜だ→な）
N　　　　⎭

This pattern is used to give prominence to the things that you want to say most in a sentence.
How to give prominence by using the pattern 〜のは〜だ：
ex. チャペックはヒト型ロボットを描いた。→チャペックが描いたのはヒト型ロボットだ。

1) First separate the thing you most want to say from the sentence.
　　ex. ヒト型ロボット
2) Then change the particle は attached to the agent to が (ex. チャペックは→チャペックが) and put のは at the end of the sentence to make it the topic (ex. チャペックが描いたのは).
3) Next, continue from the のは with the separated part first and finish the sentence using 〜だ or 〜です. ex. チャペックが描いたのはヒト型ロボットだ。

The pattern 〜のは〜で has been used in (a), because で, the conjugative form of だ is used to connect the latter part of the sentence.

a．チャペックが描いた**のは**ヒト型のロボット**で**、人間に代わって労働をする存在として示された。
（←チャペックはヒト型のロボットを描いた。）
What Čapek drew were humanoid robots, which were depicted as replacing human workers.

b．私が日本に行く**のは**来月**です**。（←私は来月日本に行きます。）
The time that I'm going to Japan is next month.

c．子どもたちが好きな**のは**カレーライス**です**。
（←子どもたちはカレーライスが好きです）
What children like is curry with rice.

(d) is an example of another form of this pattern that appears at the beginning of the text. The form is 〜たのは〜ことだ and used when looking back and talking about the past. In this form, which can only be used for the past, prominence is given to a time word.

d．ロボットという言葉が生まれた**のは**、1920年のこと**だ**。
（←1920年にロボットという言葉が生まれた。）
The time that the word robot came into being was 1920.

e．私が日本に来た**のは**おととしのこと**です**。
（←私はおととし日本に来ました。）
The time that I came to Japan was the year before last.

f．×私が卒業する**のは**来年のこと**です**。

3．〜として　as 〜

N　として

Among the meanings are "in the capacity of", "in the position of", "in the name of" and "being seen as".

a．（ロボットは）人間に代わって労働をする存在**として**示された。
Robots were depicted as replacing human workers.

b．私は留学生**として**日本へ来ました。
I came to Japan as a foreign student.

c．この学校で日本語を勉強している学生の一人**として**意見を言います。
I will give my opinion as a student studying Japanese at this school.

d. 私は趣味**として**野菜や果物を作っています。
   I grow vegetables and fruit as a hobby.

4. 〜によって　with 〜, by means of 〜

N
Plain form ＋こと　｝によって

Indicates the means, method, cause, etc.

a. 『鉄腕アトム』**によって**、人間のパートナーとしてのヒト型ロボットのイメージが定着した。
   Owing to "Astro Boy", the image of humanoid robots as people's partners was firmly established.

b. 新しい技術**によって**、SFの世界が現実化している。
   With new technologies, the world of SF is coming true.

c. 加藤さんが会社を辞めたこと**によって**、今度の計画も中止された。
   With Kato-san's departure from the company, the current plan was put on hold.

Although the particle で may be used instead of this usage, when the means, method, cause, etc. has to be explained clearly in the sentence, 〜によって (or 〜により) is used. In addition to the above examples, 〜によって is used to indicate the agent in passive sentences.

d. この絵はピカソ**によって**描かれた。
   This picture was painted by Picasso.

5. 〜にとって　for 〜

N にとって

Used in sentences giving a judgment or assessment by adding the meaning of "seen from the position of 〜".

a. 作り手**にとって**は興味とチャレンジの対象、スポンサー**にとって**は大勢の観客を集めて楽しませる手段だった。
   For the creator, a robot is an object of interest and a challenge, and for the sponsor, it is a means of gathering an audience and giving them enjoyment.

b. あなた**にとって**、人生で一番大切なことは何ですか。
   For you, what is the most important thing in life?

33

c. 会社の休みが増えれば、私にとっても、家族にとっても、うれしいことです。
If the company gave more holiday, I would be happy and so would my family.

〜にとって is always followed by an expression indicating judgment or assessment. So following it with an expression indicating a simple action or phenomenon is incorrect usage.

d. ×会社の休みが増えれば、私にとっても、家族にとっても、遊びに行きます。

6. つまり （conjunction） in other words 〜

Used to express something said before in a different way or draw a conclusion. (a) is an example of saying something in a different way. (b) is an example of drawing a conclusion.

a. ロボットの始まりは、ヒトをまねること、**つまり**"疑似人間"を作ることが目的だったと言える。
The making of robots started with imitating human beings, so we could say that the objective was to make "pseudo-humans".

b. 今度の調査で、事故の原因は運転手のハンドル操作のミスではないことが分かりました。**つまり**、もともとハンドルが壊れていたことが原因だったのです。
The cause of the accident was clearly revealed by the investigation. Thus, from the outset, it was due to a steering error but to a faulty steering wheel, not a steering error.

練習

1. 〜のは…だ

例) A: 2年前に日本に来たんですか。（3年前）
　　B: いいえ、　日本に来たのは3年前です　。

1) A: 夏休みに大阪へ行ったんですか。（北海道）
　　B: いいえ、_____。

2) A: 試験のとき、ボールペンを使ってもいいですか。（鉛筆だけ）
　　B: いいえ、だめです。_____。

3) A: 看護師の試験を受けるんですか。（介護士の試験）
　　B: いいえ、_____。

4) A: 東京駅は日本で一番利用者が多い駅ですか。（新宿駅）
　　B: いいえ、_____。

2. 〜として

例) 私は留学生だ。日本へ来ました。
　　→　私は留学生として日本へ来ました　。

1) グループの代表だ。意見を言おうと思います。
　　→ _____。

2) 仕事をするための手段だ。日本語を勉強しています。
　　→ _____。

3) 友達です。彼と付き合いたいです。
　　→ _____。

3. 〜によって

例) 工場ではロボットを使うことによって、__人が危険な仕事をしなくてもよくなった__。

1) 医学の発達によって、＿＿＿＿＿＿＿＿＿＿＿＿＿＿＿＿＿＿＿＿＿＿＿＿＿＿＿＿＿。
2) 大雨によって、＿＿＿＿＿＿＿＿＿＿＿＿＿＿＿＿＿＿＿＿＿＿＿＿＿＿＿＿＿＿＿＿＿。
3) クラスメートと日本語で話すことによって、＿＿＿＿＿＿＿＿＿＿＿＿＿＿＿＿＿＿＿。
4) 両親と離れて暮らすことによって、＿＿＿＿＿＿＿＿＿＿＿＿＿＿＿＿＿＿＿＿＿＿。

4. 〜にとって

例) 学生にとって最も大切なことは__勉強すること__だと思います。

1) 夫婦にとって大切なのは＿＿＿＿＿＿＿＿＿＿と思います。
2) 子どもにとって一年で一番楽しい時は＿＿＿＿＿＿＿＿＿＿です。
3) 日本語を勉強する人にとって、なくてはならないものは＿＿＿＿＿＿＿＿＿＿です。

5. つまり

例) みんなの責任です。つまり、私一人の__責任ではありません__。

1) あの人は私の父の弟です。つまり、私の＿＿＿＿＿＿＿＿＿＿。
2) A： このラーメン屋さんにどうしてこんなにお客さんが入るのでしょうか。
   B： 人気があるのは、つまり、＿＿＿＿＿＿＿＿＿＿＿＿からでしょう。
3) 毎日5キロ歩きます。つまり、1週間に＿＿＿＿＿＿＿＿＿＿歩きます。
4) 日本語は丁寧体から先に習いましたね。
   その理由は、つまり、丁寧体は＿＿＿＿＿＿＿＿＿＿＿＿＿＿＿＿＿＿＿＿＿からです。

ことばのネットワーク

1. □の中に漢字を1字入れてことばを作りましょう。

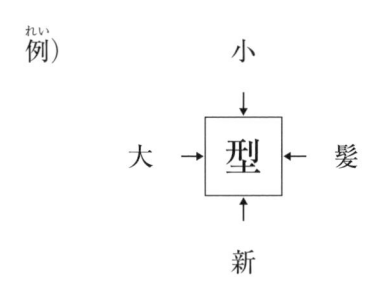

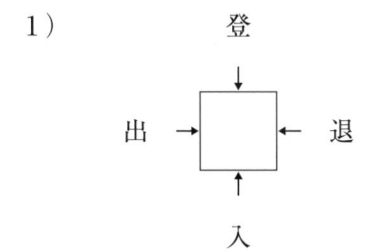

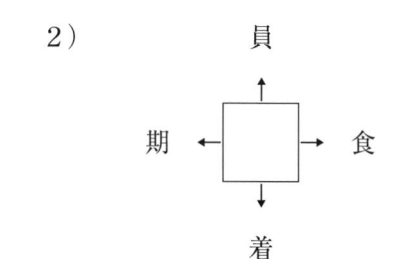

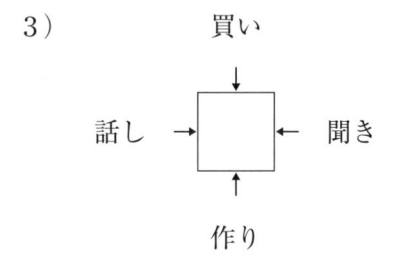

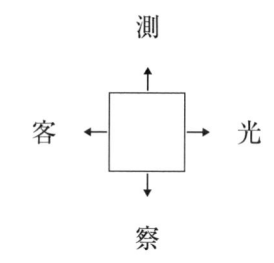

例)
```
      小
      ↓
大 → 型 ← 髪
      ↑
      新
```

1)
```
      登
      ↓
出 → □ ← 退
      ↑
      入
```

2)
```
      員
      ↑
期 → □ → 食
      ↓
      着
```

3)
```
      買い
       ↓
話し → □ ← 聞き
       ↑
      作り
```

4)
```
      測
      ↑
客 → □ → 光
      ↓
      察
```

2. （　）に適当な助詞を書きましょう。そして、□からことばを選んで、適当な形に変えて＿＿に書きましょう。

例) まず教師が正しい発音（ を ） ＿示して＿ から、学生に言わせる。

1) この小説は当時の人々の考えや生活の様子（　　）よく＿＿＿＿＿いる。
2) 校長が出張中なので、校長（　　）＿＿＿＿＿副校長があいさつをした。
3) 退職後、父は毎日趣味の釣り（　　）＿＿＿＿＿いる。
4) 子どもは大人のやり方（　　）＿＿＿＿＿ながら、成長する。

```
楽しむ　代わる　まねる　描く　示す
```

3. 下線を引いたことばとだいたい同じ意味になることばを □ から選び、必要なら適当な形に変えて書きましょう。

例）ロボットは人間の体の<u>動き</u>を研究して作られている。　　　（　動作　）

1）日本では<u>仕事</u>をする時間は週40時間、1日8時間以内と決められている。
　　　　　　　　　　　　　　　　　　　　　　　　　　　　　　（　　　　　）
2）調査で火星には水のようなものが<u>ある</u>ことが分かった。　　（　　　　　）
3）この絵は有名な画家の作品を<u>まねた</u>ものだ。　　　　　　　（　　　　　）
4）この建物の<u>外から見た様子</u>は洋風だが、中は和風のデザインを取り入れている。
　　　　　　　　　　　　　　　　　　　　　　　　　　　　　　（　　　　　）
5）舞台が終わったら、出演した人が全員<u>出て来た</u>。　　　　　（　　　　　）

| 動作 | 外観 | 労働 | 存在する | 模倣する | 登場する |

4. 下線を引いたことばとだいたい同じ意味になることばを □ から選びましょう。

例）<u>ユーザー</u>の意見を多く取り入れて新車の開発をしている。　（　利用者　）

1）結婚は人生をともに過ごせる<u>パートナー</u>を見つけることだ。（　　　　　）
2）初めてスペインへ旅行したが、思っていた<u>イメージ</u>とずいぶん違った。
　　　　　　　　　　　　　　　　　　　　　　　　　　　　　　（　　　　　）
3）何歳になっても新しいことに<u>チャレンジ</u>したい。　　　　　（　　　　　）
4）ディズニーランドは子どもにとって最高の<u>エンターテイメント</u>だ。（　　　　　）
5）このテレビドラマには多くの番組<u>スポンサー</u>がついている。（　　　　　）

| 印象 | 相手 | 提供者 | 利用者 | 挑戦 | 娯楽 |

書いてみよう

1. 次のことばを練習しましょう。必要なら、正しい形に変えてください。

| オリンピック | 開催する | 企業 | 競技者 | 記録 | 貢献する |
| 国家 | スポンサー | 宣伝する | 提唱する | 都市 | |

1)（　　　　　）は「国」とだいたい同じ意味ですが、使い方が違います。

2)（　　　　　）はギリシャで始まって、今は4年に1度（　　　　　）ています。

3) 世界の平和に（　　　　　）人になりたいです。

4) オリンピックの（　　　　）にとって、一番よい（　　　　）を出すことが目標でしょう。

5)（　　　　）がテレビ番組の（　　　　）になって、新しい製品などを（　　　　）ことはよくあることだ。

6) 日本で最も人が多い（　　　　　）は東京です。

7) この町は「外国人も住みやすいまちづくり」を（　　　　　）います。

2. 次の表は、オリンピックについてまとめたものです。

1)「オリンピックの始まりについて」を読みましょう。
2)「現在のオリンピックは」の空いているところは、自分で考えて書きましょう。

オリンピックの始まりについて

	古代オリンピック	近代オリンピック
始まった年	BC776年	1896年
開催された所	ギリシャのオリンピア地方など	ギリシャのアテネ
関係した人	ギリシャにあった都市国家の王が始めた	フランス人のクーベルタンが提唱した
開催の目的	宗教行事	世界の平和

現在のオリンピックは

競技者	スポンサー	開催国
記録にチャレンジし、国に貢献するため		

3. 2の表を見て、次の文章の流れにそって、普通体で書きましょう。

```
「古代オリンピック」と「近代オリンピック」の始まりについて
```
⬇
```
競技者にとってオリンピックとは何か
```
⬇
```
スポンサーにとってオリンピックとは何か
```
⬇
```
開催国にとってオリンピックとは何か
```
⬇
```
オリンピックについてあなたの意見を書く
```

話し合ってみよう

1. 発表で聞きかえすときの表現を練習しましょう。必要なら、正しい形に変えてください。

    ⬜A⬜、よく分かりません。⬜B⬜、言ってくださいませんか。

A	① 速い ② 声が小さい ③ ことばが難しい

B	㋐ もう一度 ㋑ 簡単なことばで ㋒ もっとゆっくり ㋓ もう少し大きい声で

2. グループに分かれて話し合いましょう。発表を聞いて分からないことがあったら、**1**の表現を使って聞きかえしましょう。

    1）「書いてみよう」の**3**で書いた文章を発表しましょう。
    2）あなたはどんな目的で日本語を勉強していますか。それは、なぜですか。発表しましょう。

あっ、これなに？ 1

<呼び出し>

___アンヌ___さんへ

☑ **至急！** 留学生課（1号館2階）に来てください。

☐ 　月　　日（　）：　　までに留学生課（1号館2階）に来てください。

用件

奨学金の書類について

担当：留学生課（高橋）

ウラ面

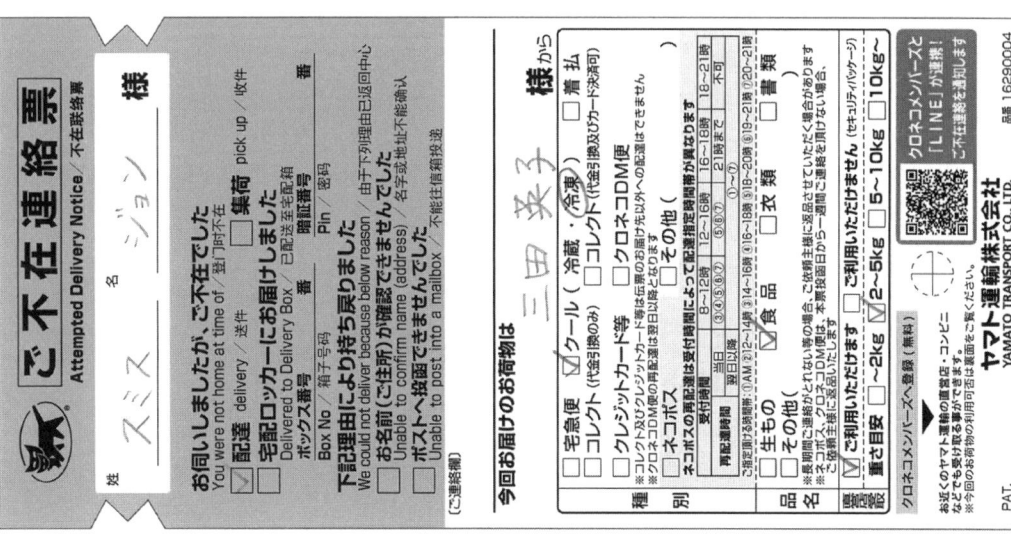

お届け日	4月 15日 10時 15分
Tracking No. 伝票番号	1234-5678-9012
配達担当者	ヤマダ ヒロシ

再配達受付連絡先

● 担当ドライバー直通（電話受付 8:00〜20:00）
ご運転中などの為、電話に出られない場合は、私の責任を持ってお伺いします
☎ **080-1234-5678**

※運転中などのお届け時間のお知らせ、電話に出られない場合は折り返しさせていただきます

● 再配達自動受付（24時間）　音声案内に従って操作願います
携帯・PHS電話ご利用の場合▶ ナビダイヤル ☎ 0570-08-9625
固定電話ご利用の場合▶ フリーダイヤル ☎ 0120-24-9625
※050 IP電話ご利用の場合▶ 050-3786-9625 …お掛けください
　例：4月1日→ [0401]
以降の「希望お届け日時」→ [0] 午前中→ [1] 12〜14時→ [2] 14〜16時→ [3] 16〜18時→ [4] 18〜20時→ [5] 19〜21時→ [6] 20〜21時→ [7]
※中継営業担当は010:00以降、それ以外の時間帯指定配達開始時間
・お届け時間帯指定当日12:00〜14時の指定はお受けできません。希望お届け時間→ [0]
・ネコポス／クロネコDM便については、午前中・12〜14時のご指定を受けることができません。
　ご希望の際はサービスセンターへご連絡ください

● インターネット受付（24時間）
インターネット受付による当日中の再配達受付は19時40分までとなります。
再配達ご希望日、便利な受け取り方も「クロネコメンバーズ」ご簡単に登録できます。
ヤマト 再配達 [検索]

● サービスセンター（電話受付 8:00〜21:00）
携帯・PHS電話ご利用の場合▶ ナビダイヤル ☎ 0570-200-000
固定電話ご利用の場合▶ フリーダイヤル ☎ 0120-01-9625
ファックスご利用の場合▶ FAX 012-345-6789
※050 IP電話ご利用の場合▶ 050-3786-3333 …お掛けください

English 0120-17-9625 (Toll free) 中文 0120-22-9625（免费电话）
(9:00〜18:00) Customer Service Center／客服中心
(24hrs) Auto Re-delivery Service（24小时）自动再配送服务
【センターコード 012-340】

大和1丁目センター
A市B町大和1-23-45

当店へ直接お引取りに来られる場合、必ず事前にサービスセンターへご連絡の上
ご本人様の（免許証、保険証）と（この連絡票）をお持ち参りください

表面

ご不在連絡票
Attempted Delivery Notice／不在時連絡票

姓 スミス　名 ジョン　様

お伺いしましたが、ご不在でした
You were not home at time of delivery

□ 配達 delivery／送付　□ 集荷 pick up／收件

□ 宅配ロッカーにお届けしました
Delivered to Delivery Box／已配送至宅配箱
ボックス番号　　番　Pin　　　密码

下記理由により持ち戻りました
We could not deliver because below reason

□ お名前（ご住所）が確認できませんでした
Unable to confirm name (address)／由于不列出地址已返回中心

□ ポストへ投函できませんでした
Unable to post into a mailbox／各宅住信箱非接受

（ご連絡欄）

今回お届けのお荷物は　三田 楽子 様 から

種別	□宅急便　☑クール（冷蔵・冷凍）　□着払
	□コレクト（代金引換のみ）　□コレクト（代金引換及びクレジットカード決済可）
	□クレジットカード等
	※コレクト及びクレジットカード等便は伝票右端の受取人控が必要となります
	□クロネコDM便
	※クロネコDM便便の再配達は翌日以降の配達となります
	□ネコポス
	ネコポスの再配達指定時間帯が異なります
受取時間	当日　翌日以降　8〜12時　12〜16時　16〜18時　18〜21時　不可
再配達時間	①AM ②12〜14時 ③14〜16時 ④16〜18時 ⑤18〜20時 ⑥19〜21時 ⑦20〜21時
品名	□生もの　☑食品　□衣類　□書類
	□その他（　　　）
備考最	☑ご利用いただけます　□ご利用いただけません（セキュリティパッケージ）
重さ目安	□〜2kg　☑2〜5kg　□5〜10kg　□10kg〜

クロネコメンバーズ登録（無料）
※お近くのヤマト運輸の直営店・コンビニなどでいつでも手続きができます。
※今回のお荷物のご利用可否は職員をご覧ください。

クロネコメンバーズと「LINE」が連携！
ご不在連絡票を通知します

ヤマト運輸株式会社
YAMATO TRANSPORT CO., LTD.

PAT.　品名 16290004

（提供：ヤマト運輸株式会社）

第4課

読むまえに

1. みなさんは家族や恋人の写真を飾っていますか。それはだれの写真ですか。どこに飾っていますか。なぜ、そうするのですか。

2. みなさんの国では、家族の写真を職場に置いている人は多いですか。それは、なぜだと思いますか。

本文　写真好きの日本人は、なぜ家族の写真を職場に飾らないのか

　もし、あなたが働いているのなら、あなたは職場に家族の写真を飾っていますか。働いていないのなら、働いている親や兄弟はあなたが写った家族の写真を職場の机に置いているでしょうか。

　おそらく多くの日本人は、家族の写真を仕事場には飾っていないはずです。

　日本人は写真が大好きなのに、「どうして、自分のデスクに家族の写真を置いてないのか」と、多くの外国人は不思議に思うようです。欧米はもちろんですが、アジアでも、自分の職場の机の上に、妻や子供、愛犬の写真を置くのが普通です。なのに、どうして日本人はそうしないの？と彼らは言うのです。

　彼らが家族の写真を置いている理由は、あるアメリカ人の次の説明につきるでしょう。

　「自分の個人スペースなんだから、そこを快適な空間にすることは当たり前だろう」と。

　では、「どうして、日本人は家族の写真を置いてないの？」と聞かれたら、あなたならどう答えますか。

　「恥ずかしい」とか「プライベートな写真を仕事場に出したくない」とかでしょうか。

　あるカナダ人は言いました。「上司に怒られてストレスがたまっても、机の上の妻の写真を見たらホッとする。ストレスが減る。だから、置いているんだよ」と。で、僕は聞きました。「妻の写真を見て、ホッとするの？　妻の写真見て、ストレスが増えることないの？」。

　彼は「こいつはなにを言ってるんだ」という冷たい目で僕を見ました。

鴻上尚史（2015）『クール・ジャパン!? 外国人が見たニッポン』講談社より

文章の型

＿＿に適当な語句を入れましょう。

〈筆者の質問〉
あなたは職場に＿＿＿＿＿＿＿＿＿＿いますか。
働いているあなたの親や兄弟はどうですか。

↓　　　　　　　　　　　　　↓

〈日本人(筆者の考え)〉
おそらく多くの日本人は家族の写真を職場には＿＿＿＿＿＿＿はず。

〈外国人(事実)〉
欧米はもちろん、アジアでも、自分の職場に妻や子供、愛犬の＿＿＿＿＿＿＿のが＿＿＿＿だ。

↓　　　　　　　　　　　　　↓

〈職場に＿＿＿＿＿＿＿理由〉

筆者の予想
「＿＿＿＿＿＿」とか 「＿＿＿＿＿＿＿を仕事場に出したくない」とかだろうか。

〈職場に写真を飾る理由〉

あるアメリカ人の説明
「自分の＿＿＿＿＿＿なんだから、そこを快適な空間にすることは＿＿＿＿＿だろう」

あるカナダ人の意見
「上司に怒られてストレスがたまっても、机の上の妻の写真を見たら＿＿＿＿＿＿。ストレスが＿＿＿＿」

〈筆者の疑問〉
妻の写真を見て、ストレスが＿＿＿＿＿ことないの？

←

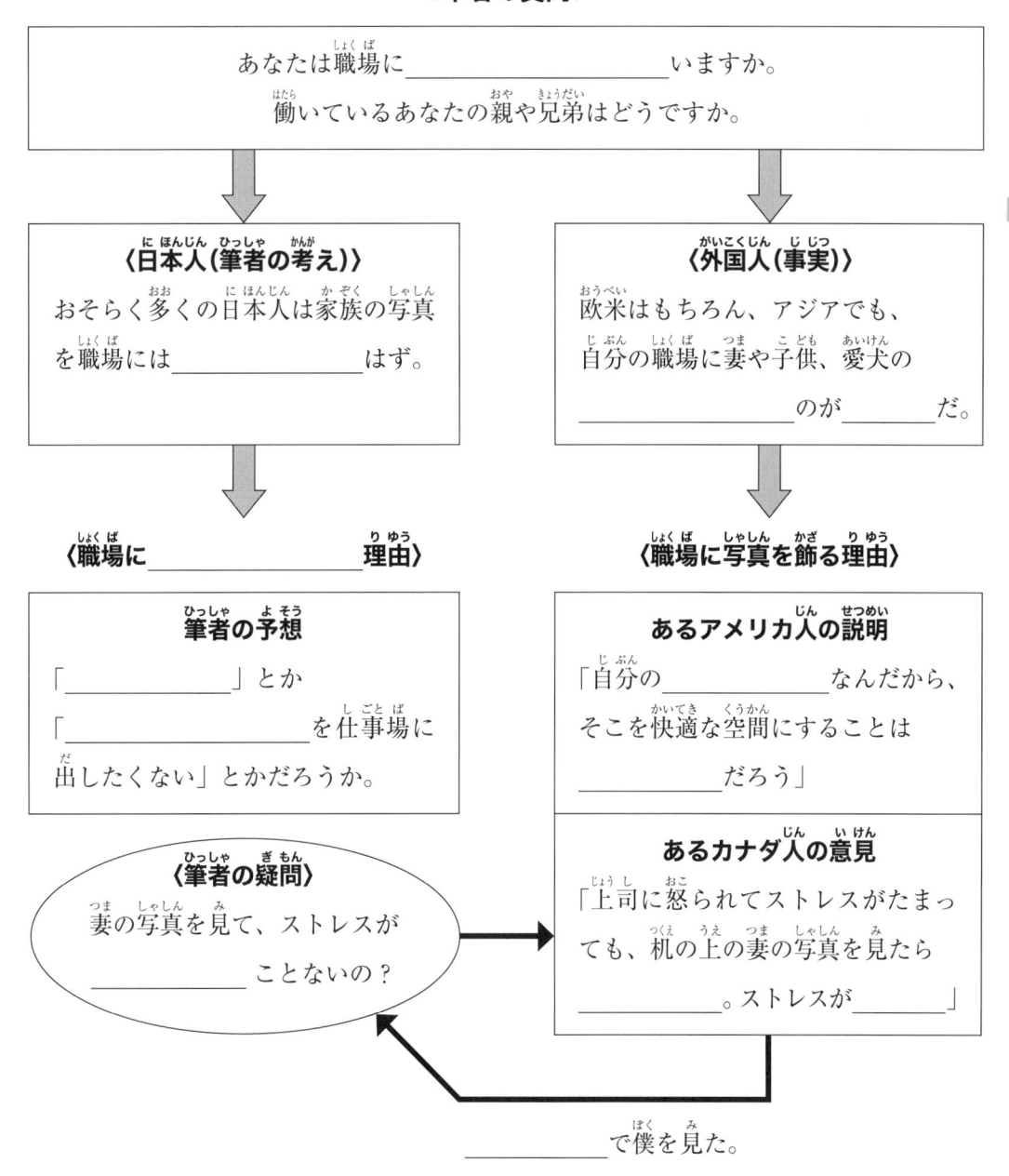

＿＿＿＿＿で僕を見た。

Q & A

1. 欧米やアジアの人たちはどうして職場の机に家族の写真を飾るのですか。

  a．親や兄弟などの家族の写真が大好きだから。
  b．写真を職場に置くのが世界では普通だから。
  c．個人のスペースを快適な空間にしたいから。
  d．家族の写真があると、上司が怒らないから。

2. 筆者は、どうして日本人は職場に家族の写真を飾らないのだと思っていますか。

  a．個人的な写真を仕事場に出したくないから。
  b．自分の個人のスペースがないから。
  c．家族の写真をあまり撮らないから。
  d．上司に怒られるから。

3.「カナダ人」はなぜ「冷たい目で僕を見た」のでしょうか。

  a．家族の写真を仕事場のデスクに飾っていないから。
  b．家族の写真を見せるのは恥ずかしいと言ったから。
  c．上司に怒られるとストレスがたまると言ったから。
  d．「妻の写真を見て、ストレスが増えないのか」と聞いたから。

4. あなたやあなたの親や兄弟は職場に家族の写真を飾っていますか。それはなぜですか。

Grammar Notes

1. 〜のか　indicates need for confirmation, acceptance

```
V
い-adj     } plain form
な-adj                                              } のか
N          } plain form（exception：〜だ→な）
```

It may indicate that a question is being presented through falling intonation (↓) (Example (a)). It is much used incorporated in a sentence as in Example (b). のか is also used to indicate seeking confirmation or acceptance (Example (c)).

a. 写真好きの日本人は、なぜ家族の写真を職場に飾らない**のか**。(↓)
   As they like photographs so much, why don't the Japanese have photos of their families in the workplace?

b. 外国人は、日本人はなぜ家族の写真を職場に飾らない**のか**と思っている。
   Foreigners wonder why Japanese don't have photos of their families in their workplace.

c. あ、そうか。市役所に行って聞けばいい**のか**。(↓)
   Oh, I see. So I should go and ask at the city office.

2. （もし）〜のなら、　If (in fact) 〜

```
V
い-adj     } plain form
な-adj                                              } のなら、
N          } plain form（exception：〜だ→な）
```

Indicates a suppositional situation. With もし〜のなら、a speaker confirms the details or facts of a listener's current situation and expresses an opinion, an attitude, or asks a question with respect to this. If もし is omitted, the meaning of the sentence hardly changes.

a. **もし**、あなたが働いている**のなら**、あなたは職場に家族の写真を飾っていますか。
   If you worked at a company, would you have a photo of your family in your workplace?

49

b. **もし**、あなたに兄弟がいる**のなら**、困ったときは相談したほうがいいですよ。
　　If you had any brothers or sisters, it would be good to consult them when something was troubling you.

c. 電車で通学している**のなら**、電車の中で勉強や読書ができますね。
　　If you commuted to school by train, you could study or read books on the train.

は may also be substituted with a noun ＋なら, as in (d), and another use is offering advice or an opinion in an established situation when there is already a topic, using 〜なら, as in (e).

d. あなた**なら**どう答えますか。
　　If it were you, how would you reply?

e. ディズニーランドへ行く**なら**、6月がいいですよ。人が少ないですから。
　　If you're going to Disneyland, it's good to go in June. There are few people then.

3. 〜はもちろん（だが）、〜も…　　~ is normal/natural and for ~ as well

Ｎ１はもちろんだが、Ｎ２も…

The meaning is; while it is natural for N1 to be …, … is also so for N2.

a. 欧米**はもちろんですが**、アジア**でも**、自分の職場の机の上に妻や子供、愛犬の写真を置くのが普通です。
　　It is normal in the West, as well as in other Asian countries to have photos of your wife and children or a pet dog on your desk at work.

b. 宮崎駿の映画は、日本**はもちろんですが**、海外**でも**人気があります。
　　Hayao Miyazaki's movies are of course popular in Japan, and in other countries too.

c. この遊園地は、土日**はもちろんですが**、平日**でも**とても混んでいます。
　　This amusement park is of course crowded on Saturdays and Sundays, and on weekdays too.

4. （それ）なのに　（conjunction）　despite ~

This is a contradictory conjunction. The facts are given in the part before （それ）なのに and a different situation that can be predicted from those facts is given in the part after it. Also, depending on the situation, feelings of dissatisfaction or regret in the speaker or writer are included. While それなのに is the basic form, the use of なのに only is increasing in conversational language.

a. 欧米はもちろんですが、アジアでも、自分の職場の机の上に、妻や子供、愛犬の写真を置くのが普通です。**なのに**、どうして日本人はそうしないの？と彼らは言うのです。
Despite it being normal to put photos of your wife and children or a pet dog on your desk at work in the West and also in other Asian countries, they say, "Why should it not be so in Japan?"

b. 雨が激しく降っている。**それなのに**、彼は出かけて行った。
Despite the heavy rain, he had gone out.

c. 一生懸命練習している。**なのに**、なかなか上手にならない。
Despite practicing in earnest, I don't improve much.

In a simple case of indicating a reverse connection けれども、けれど or けど is used.

d. 彼はスポーツが得意だ。{○**けれども**／×なのに}、音楽は苦手だ。
He's good at sports but not at music.

5. 〜の indicates question through rising intonation

```
V        ⎫
い-adj    ⎬ plain form                                    ⎫
         ⎭                                                ⎬ の
な-adj    ⎫                                               ⎭
         ⎬ plain form (exception：〜だ→な)
N        ⎭
```

Indicates a question through speaking with a rising intonation. It is used in casual conversation among close friends and frequently used among children and between adults and children. Using it at a first meeting or with people with a higher social standing is not polite.

a. どうして、日本人は自分のデスクに家族の写真を置いてない**の**？（↑）
Why don't Japanese have photos of their families on their desks?

b. 友達A： 昨日、ゴルフに行った**の**？（↑）
友達B： うん、雨がちょっと降っていたけど、行ったよ。
Friend A: Did you go to golf yesterday?
Friend B: Yeah. It was raining a little, but I went.

c. 子供： お母さん、冷蔵庫の中のケーキ、食べていい**の**？（↑）
母： いいよ。1個だけね。
Child: Mom, can I have some of the cake in the fridge?
Mom: Sure. But only one piece; OK.

d. 元気ないね。どうした**の**？（↑）なにかあった**の**？（↑）
You look a bit down. Did something happen?

A falling intonation indicates that the speaker's intention to lightly explain something or draw a conclusion is included. This is mainly used by women and children; adult men frequently use んだ.

e. 友達A：　　明日、野球を観に行かない？
　 女友達B：　行かない。野球、嫌いな**の**。（↓）
　 男友達C：　行かない。野球、嫌いな**んだ**。（↓）
　 Friend A:　　　　　　Would you like to go and see baseball tomorrow?
　 Female friend B:　　No, I don't like baseball.
　 Male friend C:　　　No, I don't like baseball either.

6. ～という…　gives a name to something that has just been explained
(cf. ～という in Lesson 3-1)

Phrase (mainly plain form)　という　N

～という is used when describing the content of the following noun. As following nouns, the main ones used are those relating to information, thoughts and emotions such as stories, rumors, ideas and feelings.

a. 彼は「こいつはなにを言ってるんだ」**という**冷たい目で僕を見ました。
He gave me a cold look that said, "What's this guy talking about?"

b. 私は初めてリーさんに会ったときに、この人といい友達になれそうだ**という**印象をもった。
When I met Li-san for the first time, I had the impression that we would become good friends.

c. この洗濯機は故障が多い**という**うわさを聞いた。
I heard a rumor that this type of washer often breaks down.

練習

1．〜のか

例）この書類はどこに　出せばいい　のか。

1）また失敗した。どうして_____のか。
2）山田さんにあさっての会議には必ず出席するように3回メールを送ったんだけど、返事がない。_____のか。どうしたんだろう。
3）やっぱりそうか。二人は_____のか。よく似ていると思っていたんだよ。
4）日本人の家に行くと、どこの家にもカレンダーがたくさんある。
　　なぜ_____のかわからない。

2．(もし)〜のなら、

例）もし、この町を観光するのなら、　案内しましょうか　。

1）もし、お酒を飲んだのなら、ぜったいに_____。
2）もし、会話の練習がそんなに嫌なのなら、_____。
3）ここは禁煙です。煙草を吸うのなら、_____。
4）本当のことを知っているのなら、ぜひ_____。

3．なら・と・ば・たら

例）その本を（　持っているのなら　・　持っていると　）、貸してください。

1）駅に（　着くのなら　・　着いたら　）、電話をします。
2）子供：　何度も言わないでよ。うるさいなあ。
　　母：　（　聞こえているのなら　・　聞こえていれば　）、返事をしなさい！
3）まっすぐ（　行くのなら　・　行くと　）、郵便局があります。

4．〜はもちろん(だが)、〜も…

例) この大学の図書館は、＿＿学生や教師＿＿はもちろんですが、＿＿近所の人たち＿＿も利用できます。

1) この町は人気があるので、＿＿＿＿＿＿はもちろんですが、＿＿＿＿＿＿も家賃がとても高いです。

2) 今度のことは秘密にしてください。＿＿＿＿＿＿はもちろんですが、＿＿＿＿＿＿も話していませんから。

3) このレストランは、＿＿＿＿＿＿はもちろんですが、＿＿＿＿＿＿もいいので、人気があります。

4) このマンガは＿＿＿＿＿＿はもちろん、＿＿＿＿＿＿も人気があります。

5．(それ)なのに

例) 東京の夏は蒸し暑い。なのに、＿＿どうして男性はスーツを着ているのだろうか＿＿。

1) 電車で席が空いている。なのに、＿＿＿＿＿＿＿＿＿＿＿＿＿＿＿＿＿＿＿＿。

2) キャビンアテンダントは厳しい仕事だ。それなのに、＿＿＿＿＿＿＿＿＿＿＿＿。

3) キムさんは毎日一生懸命勉強していました。それなのに、＿＿＿＿＿＿＿＿＿＿。

4) けんかの原因はジョンさんにあったんです。それなのに、＿＿＿＿＿＿＿＿＿＿。

6．〜の

例) おじさん： スポーツは、＿＿なにが好きな＿＿の？
　　子供： サッカーが好き。

1) 母： まだ、咳が出ているでしょう？ 薬、＿＿＿＿＿＿＿＿の？
　　子供： まだ、飲んでない。

2) 社員A： 今度の日曜日、釣りに行かない？
　　社員B： 行きたいな。だけど、＿＿＿＿＿＿＿＿＿＿＿の。

3) 子供： もう、5時だよ。お父さんに＿＿＿＿＿＿＿＿＿＿の？
　　母： あっ、忘れてた。すぐ、電話しないと……。

4）友達A： 久しぶり！ 引っ越したんでしょう。今、どこに＿＿＿＿＿＿の？
　　友達B： 横浜駅の近く。マンションを買ったの。

7. 〜という…

例）こんな態度で話しています・自分が一番偉いのです
　→　自分が一番偉いのだという態度で話しています　。

1) こんな話を聞きました・今年のスピーチコンテストは中止になるかもしれません
　→＿＿＿＿＿＿＿＿＿＿＿＿＿＿＿＿＿＿＿＿＿＿＿＿＿＿＿＿＿＿。

2) こんな考えは間違っています・妻は夫の意見に従わなければならない
　→＿＿＿＿＿＿＿＿＿＿＿＿＿＿＿＿＿＿＿＿＿＿＿＿＿＿＿＿＿＿。

3) こんな規則は厳しすぎると思います・寮の部屋に友達を入れてはいけません
　→＿＿＿＿＿＿＿＿＿＿＿＿＿＿＿＿＿＿＿＿＿＿＿＿＿＿＿＿＿＿。

ことばのネットワーク

1. □の中に漢字を1字入れてことばを作りましょう。

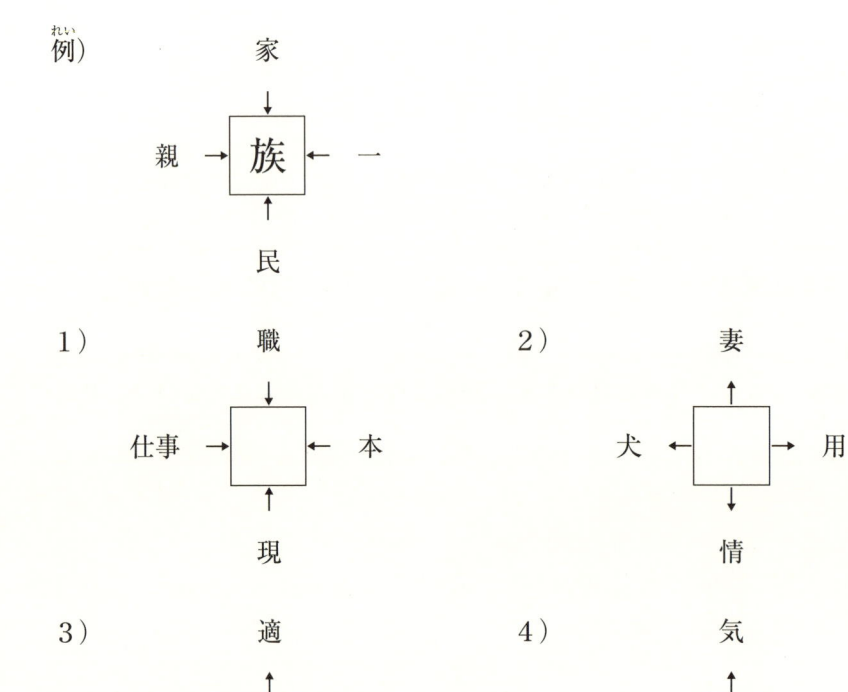

例)
```
       家
       ↓
親 → 族 ← 一
       ↑
       民
```

1)
```
       職
       ↓
仕事 → □ ← 本
       ↑
       現
```

2)
```
       妻
       ↓
犬 → □ → 用
       ↓
       情
```

3)
```
       適
       ↑
晴 ← □ → 調
       ↓
       速
```

4)
```
       気
       ↑
間 ← □ → 席
       ↓
       港
```

2. □からことばを選んで、適当な形に変えて( )に書きましょう。

例) 壁に絵が (かけて) ある。

1) 窓のそばに花が (　　　) ある。
2) 天井から鳥かごが (　　　) ある。
3) 部屋の隅に段ボールが (　　　) ある。
4) 机の上に写真が (　　　) ある。
5) 床にカーペットが (　　　) ある。

```
敷く　かける　積む　置く　飾る　つるす
```

3. （　）に適当な助詞を書きましょう。そして、□からことばを選んで、適当な形に変えて＿＿に書きましょう。

例）家族の写真を見ると、ストレス（　が　）＿減る＿。

1）どちらかと言えば明るい性格で、ストレス（　　）＿＿＿＿＿ことがない。
2）次から次へと仕事に追われて、ストレス（　　）＿＿＿＿＿しまった。
3）ストレスが原因でうつ病（　　）＿＿＿＿＿しまった。
4）スポーツで汗を流してストレス（　　）＿＿＿＿＿ほうがいい。
5）ストレス（　　）＿＿＿＿＿ために、十分睡眠をとりましょう。

発散する　たまる　感じる　減らす　なる　減る

4. 下線を引いたことばの意味を□から選んで、その記号を（　）に書きましょう。

例）故郷にいる家族と会えないが、家族の写真を見ると、ホッとする。（ a ）

1）人からひどい悪口を言われてカッとなった。（　）

2）普段言えないことを全部言って胸がスッとした。（　）

3）悪い夢を見てハッとして目が覚めた。（　）

4）彼から「君は美人じゃないけど、かわいい」と言われてムッとした。（　）

a．安心する　　b．晴れ晴れする
c．不満に思う　　d．怒る
e．びっくりする

書いてみよう

1. 次のことばを練習しましょう。必要なら、正しい形に変えてください。

すばらしい　不思議な　不満な　理解する　見習う

1) ボランティアでお年寄りの世話をしているイーさんは、お年寄りの話をゆっくり時間をかけて聞くそうだ。イーさんを（　　　　　）たいと思う。

2) 付き合って3年になるが、彼女は私が自分の考えをはっきりと言わないことが（　　　　　）ようだ。

3) おいしいラーメンの店の前で1時間も並んで待っている人がいるようだが、忙しい私にはそうする人の気持ちが（　　　　　）ない。

4) 子供のころ、なぜ空は青いのかと（　　　　　）思った。

5) 次のオリンピックではどんな（　　　　　）記録が生まれるか楽しみだ。

2. これまでに見た人の行動や習慣について、思ったことを下の表に書きましょう。

【事実】これまでに見た人（例：日本人）の行動や習慣	【意見】思ったこと
例：スマートフォンや電話で話しながら、お辞儀をする。	例：そこにいない相手にお辞儀をするのは変だ。

【疑問】
例：どうしてスマートフォンや電話で話しながら、お辞儀をするのか。

【疑問の答えを考える】
例：日本人は「すみません」や「ありがとうございます」と言うとき、いつもお辞儀をするので、そういう気持ちのときにお辞儀をしてしまうのだと思う。

3．2で書いたことを、次の文章の流れにそって、普通体で書きましょう。

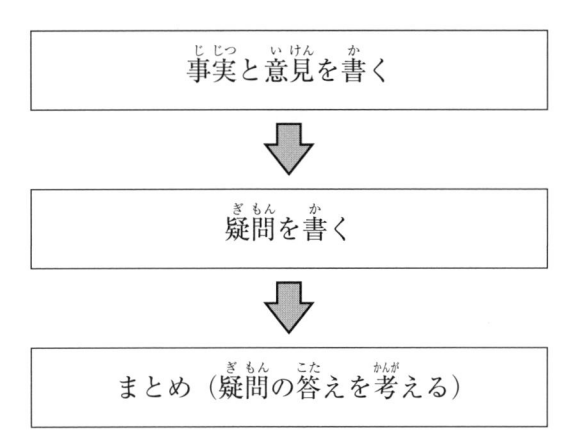

```
┌─────────────────────┐
│   事実と意見を書く    │
└─────────────────────┘
          ⬇
┌─────────────────────┐
│     疑問を書く       │
└─────────────────────┘
          ⬇
┌─────────────────────────────┐
│ まとめ（疑問の答えを考える） │
└─────────────────────────────┘
```

話し合ってみよう

1． 意見を言う表現・意見を求める表現をペアになって練習しましょう。

> ① ロボットの新しい使い方がこれからも出て来ます
> ② 電話で話しながらお辞儀をするのは変です
> ③ アインシュタインはユーモアのある人です
> ④ 多くの日本人は家族の写真を職場に置きたくないのです

1）①〜④と次の表現を使って、意見を言いましょう。必要なら、正しい形に変えてください。

> と思います　と思うんですけど　んじゃないかと思います　んじゃないでしょうか

2）1）の意見を言ってから、意見を求めましょう。そして、同意したり反対したりしましょう。

例）【意見を言う】【意見を求める】【同意する】

A： ロボットの新しい使い方がこれからも出て来ると思うんですけど。
　　Bさんはどう思いますか。
B： そうですね、私もそう思います。

例）【意見を言う】【意見を求める】【反対する】

A： ロボットの新しい使い方がこれからも出て来ると思うんですけど。
　　Cさんはどうでしょうか。
C： 私は、これからはあまり出て来ないんじゃないかと思います。

2． グループに分かれて話し合いましょう。

1）「書いてみよう」の**3**で書いた文章を発表しましょう。
2）発表について、グループで、**1**の表現を使って意見を求めたり、言ったりしましょう。

第5課

読むまえに

1. グラフを見て何がわかりますか。

グラフ1. 総合病院で待たされてイライラを感じる時間

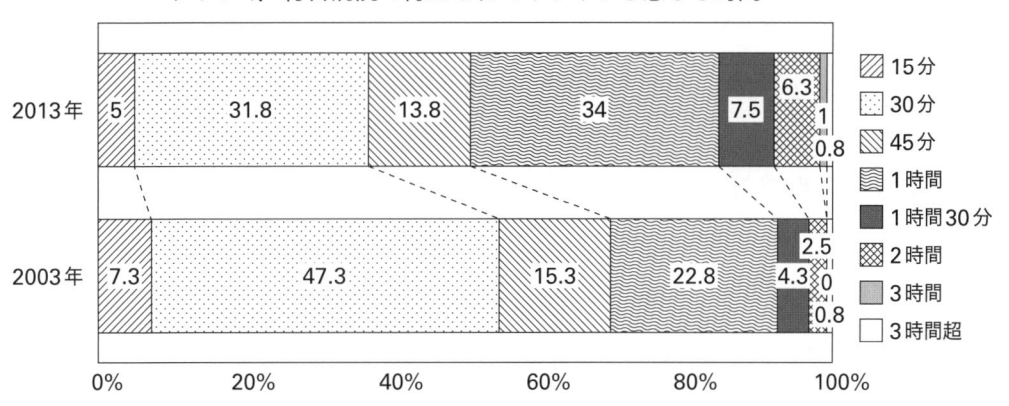

年	15分	30分	45分	1時間	1時間30分	2時間	3時間	3時間超
2013年	5	31.8	13.8	34	7.5	6.3	1	0.8
2003年	7.3	47.3	15.3	22.8	4.3	2.5	0	0.8

グラフ2. 金融機関のATMで待たされてイライラを感じる時間

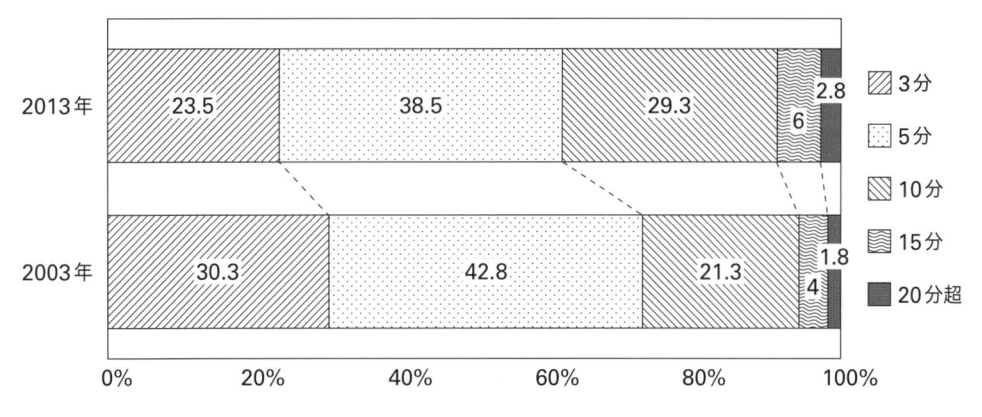

年	3分	5分	10分	15分	20分超
2013年	23.5	38.5	29.3	6	2.8
2003年	30.3	42.8	21.3	4	1.8

2. みなさんは病院や銀行のATMでどのくらい待てますか。

本文 どのくらい待たされるとイライラしますか

　シチズンホールディングス株式会社では、日常生活のさまざまなシーンでの「待ち時間」について、全国のビジネスパーソン400人（20代～50代）を対象に調査しました。10年前（2003年）にも同様の調査を実施しましたが、今回の結果に、そのデータとの比較も加えました。以下はその結果です。

【調査概要】
・調査期間：2013年4月4日～4月8日
・調査方法：インターネットによる調査

1．総合病院の待ち時間

　ある程度待つことを覚悟しなければならない総合病院。「1時間」でイライラする人が最も多く、全体の34.0%でした。次いで、「30分」（31.8%）、「45分」（13.8%）が続き、"45分まで"（「15分」「30分」「45分」の各数値合計）に約5割（50.6%）がイライラを感じています。

　2003年の調査では、"45分まで"が約7割（69.9%）でしたので、10年前に比べるとイライラ度は緩和されていると言えそうです。

2．金融機関のATMの待ち時間

　金融機関のATMの行列は「5分」がトップで全体の約4割（38.5%）でした。次いで、「10分」（29.3%）、「3分」（23.5%）の順。"5分まで"（「3分」「5分」の各数値合計）に約6割（62.0%）がイライラしはじめます。

　2003年の調査では、"5分まで"が全体の約7割（73.1%）でしたので、気長になっていると言えます。

「ビジネスパーソンの『待ち時間』意識調査」シチズンホールディングス株式会社（2003）（2013）より

2016年にシチズンホールディングス株式会社は、シチズン時計株式会社に社名変更しました。

文章の型

____に適当な語句や数字を入れましょう。

シチズンホールディングス株式会社の調査

【概要】
目的：日常生活のさまざまなシーンでの「_____」について調べる。
　　　　　　　　　　　　　（「あなたは何分で_____しますか。」）
対象：全国の_____　____人（20代～50代）
期間：2013年4月4日～4月8日
方法：_____による調査

【結果】
1．総合病院の待ち時間
　　1時間　　34.0%
　　45分　　____%
　　30分　　____%
　　15分　　____%
　　45分まで（＝「15分」＋「30分」＋「45分」）50.6%
　　45分まで____%（2003年の調査）
　　→10年前と比べるとイライラ度は_____。

2．金融機関のATMの待ち時間
　　10分　　____%
　　5分　　____%
　　3分　　____%
　　5分まで（「3分」＋「5分」）____%
　　5分まで　73.1%（2003年の調査）
　　→_____。

Q & A

1. 2013年の調査では、総合病院で45分までにイライラを感じるビジネスパーソンは何%ですか。

    a. 13.8%　　　b. 31.8%　　　c. 34.0%　　　d. 50.6%

2. 2013年の調査では、金融機関のATMの行列で5分までにイライラを感じるビジネスパーソンは何%ですか。

    a. 23.5%　　　b. 29.3%　　　c. 38.5%　　　d. 62.0%

3. 次の文のうち、この文章の内容に合っているものを1つ選んでください。
    a. 総合病院での待ち時間を見ると、10年前よりイライラ度が下がっている。
    b. 総合病院での待ち時間を見ると、10年前よりイライラ度が上がっている。
    c. 総合病院での待ち時間は10年前より短くなっている。
    d. 総合病院での待ち時間は10年前と比べても短くなっていない。

4. 次の文のうち、この文章の内容に合っているものを1つ選んでください。
    a. 2013年の調査では、金融機関のATMで3分行列しているとイライラを感じる人が最も多い。
    b. 2013年の調査では、金融機関のATMで5分行列しているとイライラを感じる人が最も多い。
    c. 2013年の調査では、金融機関のATMで10分行列しているとイライラを感じる人が最も多い。
    d. 2013年の調査では、金融機関のATMで15分行列しているとイライラを感じる人が最も多い。

5. 2013年の調査と2003年の調査を比べると、全体的にどんなことがわかりますか。

Grammar Notes

1. 使役受身(しえきうけみ) Causative-passive

How to make the causative-passive:

Group I verb ＊For Group I verbs, there are two forms of the causative-passive.

　　Causative-passive 1　　Vない-formない＋せ＋られる
　　　　　　　　　　　　行(い)かない＋せ＋られる　→　行(い)かせられる

　　Causative-passive 2　　Vない-formない＋される
　　　　　　　　　　　　行(い)かない＋される　→　行(い)かされる
　　　　　　　　　　　　(exception: verbs ending in す　ex. 話(はな)す→×話(はな)さされる)

Group II verb

　　Causative-passive　　Vない-formない＋させられる
　　　　　　　　　　　食(た)べない＋させられる　→　食(た)べさせられる

Group III verb

　　Causative-passive　　する　→　させられる
　　　　　　　　　　　来(く)る　→　来(こ)させられる

The causative-passive has the meaning that the subject of the sentence (player in Example (b)) is being made to forcibly carry out an action by another person (coach in Example (b)). The causative-passive implies the feeling of being forced to do something one dislikes. The person forced to do the action is the subject and the person (can also be an organized body such as a state or society) forcing him or her is indicated by ～に. However, in the case that the person making someone do something is clear from the situation or context, or when such information is unnecessary, they may be omitted (Example (a)).

a．どのくらい**待(ま)たされ**るとイライラしますか。
　　How long do you have to be made to wait before you feel irritated?

b．選手(せんしゅ)はコーチに**走(はし)らされ**ます。
　　The player is made to run by the coach.

c．国民(こくみん)は国(くに)に高(たか)い税金(ぜいきん)を**払(はら)わされ**る。
　　People are made to pay high taxes by the state.

d．子(こ)どもが生(う)まれてから、妻(つま)に煙草(たばこ)を**やめさせられ**ました。
　　After the baby was born, I was made to quit smoking by my wife.

65

e． 子どものとき、母に毎晩食器洗いを**手伝わされ**ました。
When I was child, I was made to help washing the dishes by my mother every evening.

2． 格助詞＋の　Particle＋の

N＋を／が
N＋で／と／へ／から／まで　｝の
N＋に→へ

Manner of speaking in which noun + particle modifies another noun. の acts as a verb substitute and has various meanings.

a． さまざまなシーン<u>での</u>「待ち時間」について、全国のビジネスパーソン400人
　　　　　　　　　　　　　　　　　　　　で強いられる
を対象に調査しました。
Four-hundred company employees nationwide were surveyed regarding the time they could be made to wait in various situations.

b． 今回の結果に、そのデータ<u>との</u>比較も加えました。
　　　　　　　　　　　と照らし合わせて行った
The present results were checked with the past data for comparison.

3． ます形による動詞の接続　Connecting with verbs in the ます-form

In a formal situation or in written language verbs in the ます-form may be used to connect sentences, in addition to the て-form.

a． 次いで、「30分」(31.8％)、「45分」(13.8％)が**続き**、"45分まで"（「15分」「30分」「45分」の各数値合計）に約5割（50.6％）がイライラを感じています。
Next in order, people felt irritated at 30 minutes (31.8%) and 45 minutes (13.8%) with the total for up to 45 minutes (15 minutes, 30 minutes and 45 minutes together) accounting for around 50% (50.6%).

The forms are as follows:

書いて　→　書き　　（書きます）　　　食べて　→　食べ　　（食べます）
して　　→　し　　　（します）
使っていて　→　使っており　　（Special form）

Connection of sentences with verbs in the ます-form is often used in the case of explaining a procedure, as in (b), and with parallel expressions as in (c).

b．＜有料コピー機の使い方＞
まず、お金を**入れ**、コピー機のカバーを開けます。印刷したい原稿を**載せ**、カバーを閉じます。サイズと枚数を**選び**、スタートボタンを押します。
<How to use paid copy machine>
First insert the money and lift up the cover of the copy machine. Place the document that you want to copy on the machine and close the cover. Choose the size and the number of copies, and press the start button.

c．今日のパーティーでは、ジョンさんがピアノを**弾き**、私がフルートを吹きます。
At today's party, John is going to play the piano and I'm going to play the flute.

Differing from connection using the て-form, the ます-form cannot be used to express the situation of an action as in (d). Also, when indicating a cause, connection using the て-form is natural as in (e).

d．急いでいたので、{○走って／×走り} 帰った。
As I was in a hurry, I ran home.

e．{○お酒を飲み過ぎて／?お酒を飲み過ぎ} 気持ちが悪くなった。
As I had drunk too much, I felt terrible.

For い-adjectives, な-adjectives and nouns, the forms are as follows:

おもしろくて → おもしろく

便利で → 便利であり　　　学生で → 学生であり

f．「1時間」でイライラする人が最も**多く**、全体の34.0%でした。
The greatest number of people felt irritated at one hour, accounting for 34.0% of the total.

4. 〜ている　indicates record of past situation or experience

V て-form ＋いる

Used in reporting things like a historical matter, a past situation or experience as records. It is much used in survey reports or media reports.

a．45分までに約5割がイライラを感じ**ています**。
(For waiting times) up to 45 minutes around 50% felt irritation.

b．アインシュタインは1921年にノーベル賞を受賞し**ている**。
Einstein received a Nobel prize in 1921.

c．犯人は3日前にこの店に来**ている**。
The culprit came to this store 3 days ago.

〜ている may also express continuation of actions (d), continuation of a resulting situation (e), or a habitual action or attributes (f).

67

d．田中さんは図書館で本を読ん**でいます**。
　　Tanaka-san is reading a book in the library.

e．コップが汚れ**ています**。
　　The cup is dirty.

f．王さんは日本語学校に通っ**ています**。
　　O-san commutes to a Japanese school.

5．〜はじめる　start 〜

Vます-form ＋はじめる

Expresses the start of an action or event.

a．5分までに約6割がイライラし**はじめます**。
　　Around 60% start to feel irritation at up to 5 minutes.

b．雨が降り**はじめました**。
　　It started to rain.

c．まだ書かないでください。ベルが鳴ったら、書き**はじめて**ください。
　　Don't write anything yet. Start writing when the bell goes.

練習

1. 使役受身

例）課長は ジョンさんを 遅くまで働かせました。
　　→ジョンさんは 課長に遅くまで働かされました／働かせられました 。

1）友達は私を1時間も待たせました。
　　→私は友達に＿＿＿＿＿＿＿＿＿＿＿＿＿＿＿＿＿＿＿＿＿＿＿＿＿＿。
2）母は私に嫌いな納豆を食べさせました。
　　→私は＿＿＿＿＿＿＿＿＿＿＿＿＿＿＿＿＿＿＿＿＿＿＿＿＿＿＿＿＿＿。
3）コーチは選手に厳しい練習をさせました。
　　→選手は＿＿＿＿＿＿＿＿＿＿＿＿＿＿＿＿＿＿＿＿＿＿＿＿＿＿＿＿。

2. 受身・使役・使役受身

例）お母さんは子どもたちに掃除を（ されて ・(させて)・ させられて ）から、自由に遊ばせました。

1）子どものころ、野菜を残してよく母に
　　（ 叱られ ・ 叱らせ ・ 叱らされ ）ました。
　　母にむりやり野菜を（ 食べられて ・ 食べさせて ・ 食べさせられて ）、
　　野菜が嫌いになりました。
2）新しく発売された車をちょっと見に行っただけだったのに、受付で名前と住所を
　　（ 書かれ ・ 書かせ ・ 書かされ ）ました。そして、会場では、前から
　　順番に（ 座られ ・ 座らせ ・ 座らされ ）ました。
3）子どもにピアノを（ 習われる ・ 習わせる ・ 習わされる ）親がいます。
　　ピアノが好きな子どもはいいですが、好きでもないのに
　　（ 習われる ・ 習わせる ・ 習わされる ）子どもはかわいそうです。

69

3．格助詞＋の

例）電話（　での　）チケットの申し込みはできません。

1）卒業するとき、先生（　　　　　）感謝の気持ちをカードに書いて渡した。
2）このホテルは窓（　　　　　）ながめがすばらしくて人気がある。
3）家から会社（　　　　　）交通費は、会社が出します。
4）久しぶりの同窓会で、友人（　　　　　）会話を楽しんだ。

4．ます形による動詞の接続

例のように文をつなぎ、普通体の文にしてください。

例）大学院に入ります。研究を続けます。→　大学院に入り、研究を続ける　。

1）書類を確認しました。サインしました。→＿＿＿＿＿＿＿＿＿＿＿＿＿＿＿＿＿。
2）このドアは鉄でできています。とても丈夫です。
　　→＿＿＿＿＿＿＿＿＿＿＿＿＿＿＿＿＿＿＿＿＿＿＿＿＿＿＿＿＿＿＿＿。
3）フライパンを熱します。強火で肉を焼きます。
　　→＿＿＿＿＿＿＿＿＿＿＿＿＿＿＿＿＿＿＿＿＿＿＿＿＿＿＿＿＿＿＿＿。

5．〜ている

例の「ている」と同じ用法のものに〇をつけてください。

例）アインシュタインは1922年に日本に来ています。

1）ギターの音が聞こえるでしょう。ジョンさんが部屋で弾いているんですよ。（　　）
2）あの選手は去年の大会で優勝している。　　　　　　　　　　　　　　　　（　　）
3）ピカソはこの絵をフランスで描いている。　　　　　　　　　　　　　　　（　　）
4）兄弟はみんな、今大阪で働いています。　　　　　　　　　　　　　　　　（　　）
5）鈴木さん、荷物が届いていますよ。　　　　　　　　　　　　　　　　　　（　　）

6．～はじめる

例）急に空が暗くなりましたよ。雨も（ 降り ）はじめましたね。

1）ドイツへ行きたいので、ドイツ語を（　　　）はじめました。
2）就職活動のために、いろいろな会社について（　　　）はじめた。
3）この店は駐車場をひろげてから、客が（　　　）はじめています。
4）沖縄では梅雨の季節に入るころに、北海道では桜が（　　　）はじめる。

ことばのネットワーク

1. 下線を引いたことばとだいたい同じ意味になることばを□から選び、必要なら適当な形に変えて書きましょう。

   例）なぜこのような事故が起きたか、その原因を詳しく<u>調べる</u>。　（　調査する　）

   1）ビジネスパーソンの「待ち時間」について調査を<u>行う</u>。　（　　　　　）
   2）アンケートによる調査か、インタビューによる調査か、調査の方法を<u>決める</u>。
   　　　　　　　　　　　　　　　　　　　　　　　　　　　　　（　　　　　）
   3）データを<u>集め、合計した</u>結果をグラフで表す。　（　　　　　）
   4）過去のデータと同じ点、異なる点などを<u>比べる</u>。　（　　　　　）
   5）調査の結果について考えたことを<u>言う</u>。　（　　　　　）

   ┌───┐
   │ 述べる　比較する　実施する　集計する　決定する　調査する │
   └───┘

2. （　）に適当な助詞を書きましょう。そして、□からことばを選んで、適当な形に変えて＿＿に書きましょう。

   例）休憩時間になったのに、隣の教室ではまだ授業（　が　）　続いている　。

   1）熱がなかなか下がらないので、病院（　　　）＿＿＿＿＿もらった。
   2）仕事の内容より人間関係（　　　）ストレスを＿＿＿＿＿、会社を辞めた。
   3）断られるの（　　　）＿＿＿＿＿プロポーズしたら、彼女はうれしそうに「はい」と言った。
   4）朝夕のラッシュ（　　　）＿＿＿＿＿ために、新しい地下鉄が作られるそうだ。
   5）味が薄かったので、少し塩（　　　）＿＿＿＿＿ら、おいしくなった。

   ┌───┐
   │ 続く　覚悟する　診察する　感じる　加える　緩和する │
   └───┘

3. 下の１）〜５）のとき、どのような気持ちになりますか。絵のなかから最も適当なものを選んで、そのことばを（　）に書きましょう。

例）朝の通勤時間に電車がなかなか来ないと（　イライラする　）。

1）大勢の前でスピーチするときは、緊張して胸が（　　　　　　）。
2）夏休みに行く海外旅行のことを考えると、今から（　　　　　　）。
3）やっと歩きはじめた子どもを見ると、ころびそうで、（　　　　　　）。
4）父親に大きな声で叱られると、何も言えず（　　　　　　）。
5）けんかをした相手の顔を思い出すと、また腹が立って（　　　　　　）。

ハラハラする 　　ムカムカする 　　イライラする

オドオドする 　　ドキドキする 　　ワクワクする

4. 適当な方を選びましょう。

例）（　非常　・(日常)）で使うことばは覚えたが、読み書きが十分ではない。

1）この教科書は中級レベルの学生を（　対象　・　目標　）に書かれました。
2）子どもの外国語教育については私も彼と（　同様　・　同時　）の考えを持っている。
3）調査報告書は全部で50ページもあるので、1枚にまとめられた
　　（　必要　・　概要　）だけ読んだ。
4）この店はランチが安いので、昼は（　通行　・　行列　）ができて、順番が来る
　　まで30分ぐらい待つことが多い。
5）2年前に始めたギターはなかなか上手にならないが、（　気長　・　気短　）に
　　練習を続けるつもりだ。

書いてみよう

1. 次のグラフを見てわかることを書きましょう。

グラフ3. 役所で待たされてイライラしはじめる時間

年	5分	10分	15分	20分	30分	30分超
2013年	9.8	27.8	29.8	14.8	13	5
2003年	13.8	40.3	29	10.3	5	1.8

グラフ4. 通勤のとき電車の遅れでイライラしはじめる時間

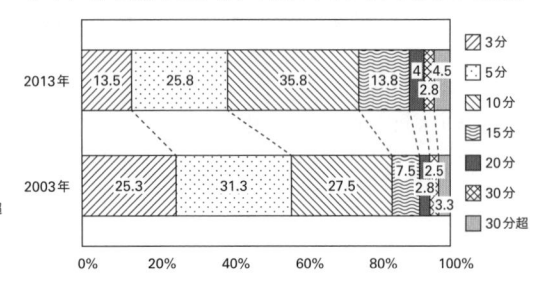

年	3分	5分	10分	15分	20分	30分	30分超
2013年	13.5	25.8	35.8	13.8	4	2.8	4.5
2003年	25.3	31.3	27.5	7.5	2.5	2.8	3.3

1）次の質問に答えましょう。

ア）グラフ3の2013年を見てわかることは、どのようなことですか。

_____

_____

イ）グラフ3の2013年と2003年を比べて、どんなことが言えますか。

_____

_____

ウ）グラフ4の2013年を見てわかることは、どのようなことですか。

_____

_____

エ）グラフ4の2013年と2003年を比べて、どんなことが言えますか。

_____

_____

2）1）で書いたことを丁寧体でまとめて、本文の続きを書きましょう。

3．役所での待ち時間

_____
_____
_____
_____
_____
_____

4．通勤のときの電車の遅れによる待ち時間

_____
_____
_____
_____
_____
_____
_____

話し合ってみよう

1. 次のことばを練習しましょう。必要なら、正しい形に変えてください。

   | イライラする | 追う | 限る | 気長な |
   | ペース | 無駄な | 有効な | ゆっくり |

   1）忙しい人の多くは、しっかり計画を立てて時間を（　　　　　）使っている。
   2）都会と比べて田舎は生活の（　　　　　）が（　　　　　）している。
   3）失敗しても経験は（　　　　　）ならないので、何にでもチャレンジしたほうがよい。
   4）いつも時間に（　　　　　）生活をしているので、待たされると（　　　　　）しまいます。
   5）生まれたばかりの娘が歩けるようになるのを（　　　　　）待つつもりだ。
   6）勉強もアルバイトもしなければならないので、遊べる時間は（　　　　　）います。

2. グループに分かれて話し合いましょう。

   1）「書いてみよう」1の2）で書いたことを話しましょう。
   2）みなさんは、次の場面で、どのくらい待てますか。
      ア）病院　　　　　　　　　　イ）銀行のATM
      ウ）役所　　　　　　　　　　エ）通勤や通学のときの電車やバス
   3）本文と「書いてみよう」のグラフからわかる日本人の待ち時間とみなさんの待ち時間を比べながら、話し合ってみましょう。
   4）みなさんは、毎日、時間のことを気にしながら生活していますか。それはどうしてですか。

第 6 課

読むまえに

1. 次の絵は日本の妖怪やお化けです。見たり聞いたりしたことがありますか。どんなものか知っていますか。

2. 知っている妖怪やお化けについて話してください。

   1) どんな形、どんな姿をしていますか。
   2) どこにいますか。どこに出ますか。
   3) いつ出ますか。
   4) どうして出て来るのですか。
   5) 出て来たら楽しいですか、怖いですか。
   6) 昔からいますか、最近登場したものですか。

3. 妖怪が登場するマンガやアニメを見たり、妖怪グッズを買ったりしたことがありますか。それはどんなものですか。

本文　妖怪ブームが根強いのはなぜ？

　現在でも妖怪のブームは周期的に訪れている。もちろん、妖怪グッズの販売や宣伝、マンガやアニメなどの商業ベースの戦略による部分が大きいともいえるが、その前提として消費者の側にも潜在的な需要が常に存在しているからだといえるだろう。

　恐怖心を刺激されること、あるいは驚かされることや、サスペンス性自体を娯楽として楽しみ、消費する文化は近代以前から存在する。これをまったくの絵空事、自分とは関係ない世界の物語として楽しんでいる人は少ないだろう。妖怪の魅力は常に人々の生活と隣り合わせに存在しているようなリアリティであるといえる。妖怪は、時代や人々の生活様式の進歩に合わせて自在に姿を変えて登場し、見る者のすぐ近くに存在していてもおかしくないような存在感を与えているのである。

　たとえば後ろに乗せた女性客がいつのまにか消えており、座った後のシートがぐっしょりと濡れていたという、今でいう「タクシー幽霊」。これが明治時代の日本に登場したときには、幽霊が乗車しているのはなんと人力車だった。時代が進歩して人力車が自動車に変わった後も、謎の乗客は飽きもせずに運転手を脅かし続けている。

　妖怪が人々のなかの不安や恐怖心を投影したものである以上、社会がどれほど進歩し、姿を変えても、妖怪もまた姿を変えて存在し続ける。どれだけ走って遠ざかろうとしたところで、振り向いてみると、影のように妖怪は付いて来ているのである。

　　　小松和彦編著（2009）「メディアと妖怪②　妖怪ブームが根強いのはなぜ？」『日本の妖怪』株式会社ナツメ社より

文章の型

下線部に適当な語句を入れましょう。線の種類が同じ箇所には意味の近い語句が入ります。

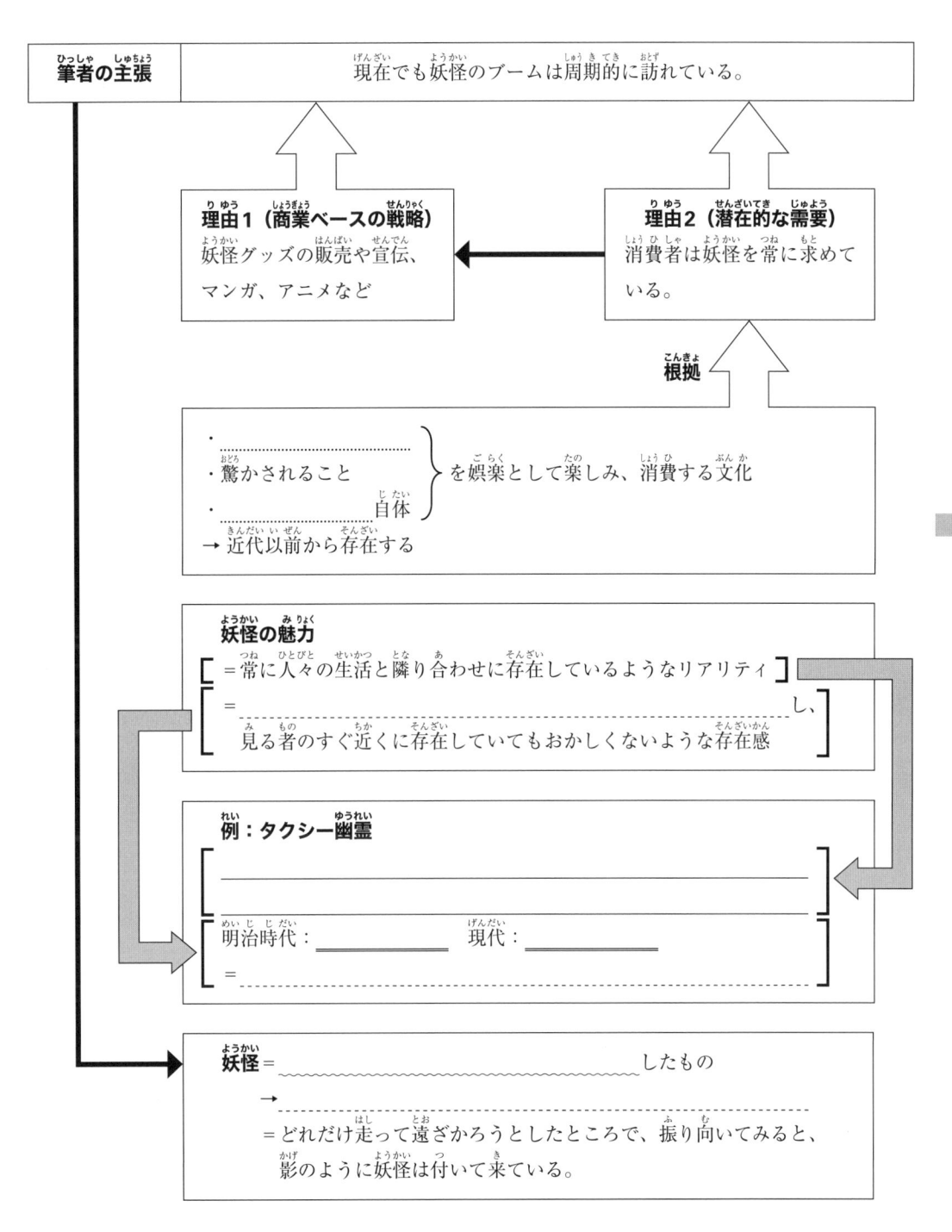

筆者の主張　現在でも妖怪のブームは周期的に訪れている。

理由1（商業ベースの戦略）
妖怪グッズの販売や宣伝、マンガ、アニメなど

理由2（潜在的な需要）
消費者は妖怪を常に求めている。

根拠

- ＿＿＿＿＿＿＿＿＿＿＿
- 驚かされること ｝を娯楽として楽しみ、消費する文化
- ＿＿＿＿＿＿自体

→ 近代以前から存在する

妖怪の魅力
[＝常に人々の生活と隣り合わせに存在しているようなリアリティ]
[＝＿＿＿＿＿＿＿＿＿＿＿＿＿＿＿＿＿＿＿＿＿＿＿＿＿＿＿＿し、
見る者のすぐ近くに存在していてもおかしくないような存在感]

例：タクシー幽霊
＿＿＿＿＿＿＿＿＿＿＿＿＿＿＿＿＿＿＿＿＿＿＿＿＿＿＿＿＿＿
＿＿＿＿＿＿＿＿＿＿＿＿＿＿＿＿＿＿＿＿＿＿＿＿＿＿＿＿＿＿

明治時代：＿＿＿＿＿＿＿　現代：＿＿＿＿＿＿＿
＝＿＿＿＿＿＿＿＿＿＿＿＿＿＿＿＿＿＿＿＿＿＿＿＿＿＿＿＿＿

妖怪＝〜〜〜〜〜〜〜〜〜〜〜〜〜〜〜〜〜〜〜〜〜〜〜したもの
→＿＿＿＿＿＿＿＿＿＿＿＿＿＿＿＿＿＿＿＿＿＿＿＿＿＿＿＿＿
＝どれだけ走って遠ざかろうとしたところで、振り向いてみると、
影のように妖怪は付いて来ている。

Q & A

1.「現在でも妖怪のブームは周期的に訪れている。」と同じような意味を表している文を次のなかから3つ選んでください。

a．妖怪は時代や人々の生活様式の進歩に合わせて自在に姿を変えて登場する。
b．タクシー幽霊は、時代が進歩しても飽きもせずに運転手を脅かし続けている。
c．妖怪は人々のなかの不安や恐怖心を投影したものである。
d．社会がどれほど進歩し、姿を変えても、妖怪もまた姿を変えて存在し続ける。

2.「(消費者の側の)潜在的な需要」とはどういう意味ですか。

a．妖怪の持つ怖さを娯楽として楽しみたいという欲求
b．自分とは関係ない世界のこととして楽しみたいという欲求
c．いつの時代も妖怪が近所に住んでいてほしいという欲求
d．時代に合わせて妖怪に登場してほしいという欲求

3.「タクシー幽霊」の説明で最も適切なものを1つ選んでください。

a．運転手を後ろの席から脅かし続ける女性客を「タクシー幽霊」という。
b．タクシーのシートを汚してしまう女性客を「タクシー幽霊」という。
c．「タクシー幽霊」は現代の幽霊なので、明治時代にはいなかった。
d．「タクシー幽霊」は明治時代にもいたが、当時は人力車に乗っていた。

4. 筆者は妖怪とはどのようなものだと言っていますか。

a．社会の進歩にともない消えるもの
b．自分と無関係の物語として楽しむもの
c．人々が持つ不安や恐怖心を表したもの
d．娯楽として楽しみ消費するもの

Grammar Notes

1. 〜のはなぜ？　Why did ~? (cf. 〜のは…だ in Lesson 3-2)

```
V          ⎫
い-adj     ⎬ plain form                          ⎫
           ⎭                                     ⎬ のは　interrogative
な-adj     ⎫                                     ⎭
N          ⎬ plain form（exception：〜だ→な）
           ⎭
```

This is a pattern that gives prominence to an interrogative within an interrogative sentence. In it, the 〜のは…だ at the end of the sentence that we learned in Lesson 3 is omitted. In (b) below, the original sentence is どうして田中さんは休んだのですか. Example (b) has been made by taking the sentence 田中さんが休んだのはどうしてですか and omitting ですか from it. Also for formal sentences, as in the case of 妖怪ブームが根強いのはなぜか, ending a sentence with interrogative + か is common.

a．妖怪ブームが根強い**のはなぜ？**　　（←なぜ妖怪ブームは根強いのですか）
　　Why is the monster fad so strongly rooted?

b．田中さんが休んだ**のはどうして？**　　（←どうして田中さんは休んだのですか）
　　Why did Tanaka-san take a day off?

c．さっき来た**のはだれ？**　　（←さっきだれが来たのですか）
　　Who just came?

2. である体　である style

There are 2 plain styles – だ style and である style. The だ style is mainly used in spoken language and である style in written language. だ corresponds to である and だった to であった. In written language, while the である style is basic in text with a strong official nature such as scientific papers and reports, it may also be mixed with だ style. The だ style is indicated in ( ) in the examples below.

a．妖怪は、時代や人々の生活様式の進歩に合わせて自在に姿を変えて登場し、見る者のすぐ近くに存在していてもおかしくないような存在感を与えている**である**。

（…存在感を与えているのだ）

Monsters appear at will in different forms in pace with the times and people's changing lifestyles, and give the impression that there is nothing strange about their presence close to the people that see them.

b．運転中は音楽を聞かないほうが安全**である**。
（運転中は音楽を聞かないほうが安全だ）
It is safer not to listen to music while driving.

c．コンピューターは最初はとても高価なもの**であった**。
（コンピューターは最初はとても高価なものだった）
At first computers were high-priced items.

3．〜ずに　without 〜

V-ないformない＋ずに　（exception：する→せずに）

In the expression 電気を消さずに寝た (I went to bed without turning out the lights), 電気を消さずに (without turning out the lights) indicates an incidental situation to the action of 寝た (went to bed). An expression with the same meaning is 〜ないで. 〜ずに is somewhat more formal than 〜ないで.

a．時代が進歩して人力車が自動車に変わった後も、謎の乗客は飽きもせ**ずに**運転手を脅かし続けている。
Even after the rickshaw changed to the automobile as time went by, a mysterious passenger continued to frighten drivers without getting tired of doing so.

b．太郎は花子からの手紙を読ま**ずに**捨てた。
Taro threw the letter from Hanako away without reading it.

c．家族に相談せ**ずに**留学を決めた。
I decided to study abroad without discussing it with my family.

4．〜以上、… as 〜, given that 〜

V
い-adj } plain form

な-adj
N } plain form（exception：〜だ→である）

} 以上、…

In this pattern (〜) is the reason and because of it … naturally follows. After 以上 comes the judgment or feeling of the speaker. Such words as resolve, preparation and duty are much used in the (…) part.

a. 妖怪が人々のなかの不安や恐怖心を投影したものである**以上**、社会がどれほど進歩し、姿を変えても、妖怪もまた姿を変えて存在し続ける。
As monsters embody the feelings of fear and unease that people have, they will continue to exist in different forms no matter how much society advances and changes in form.

b. 日本に住んでいる**以上**、税金は払わなければならない。
Given that one is living in Japan, one must pay taxes.

c. スピーチコンテストに申し込んだ**以上**、優勝できるように頑張りたい。
As I have applied for the speech contest, I will try my hardest so I can win it.

5. 〜たところで　no matter how much/even if 〜 (it will not...)

Vた-form ＋ところで

Expresses the speaker's judgment that "Even supposing that 〜, the result will not be as predicted (or expected)."

a. どれだけ走って遠ざかろうとし**たところで**、振り向いてみると、影のように妖怪は付いて来ているのである。
No matter how much you try to run away, if you turn around there'll be a monster with you like your shadow.

b. いくら探し**たところで**、なくした指輪はもう見つからないと思う。
No matter how much you look, I don't think you'll find the ring you lost.

c. このあたりは電気も水道もありませんから、家を建て**たところで**生活できないでしょう。
Even if you build a house here, you won't be able to live in it because there's no electricity or water in this neighborhood.

練習

1．〜のはなぜ／どうして／いつ／どこ？

例）どうして鈴木さんは泣いているのですか。　→<u>鈴木さんが泣いているのはどうして？</u>

1）なぜ道がこんなに混んでいるのですか。　→_____

2）キムさんはいつ日本に来たんですか。　→_____

3）このあたりでどこが桜がきれいなんですか。　→_____

4）あのビルの隣に何があるんですか。　→_____

2．である体

次の文を「である体」にしてください。

例）日本は島国だ。　→<u>　日本は島国である　</u>。

1）東京は、日本の首都だ。

　→_____。

2）この鳥は姿も色も鳴き声もまるでカラスのようだ。

　→_____。

3）江戸時代は外国との交流が少ない時代だった。

　→_____。

4）日本は火山が多いため、地震が多い国なのだ。

　→_____。

3．〜ずに

例）作文の試験のときは、辞書を<u>　使わずに　</u>書いてください。

1）昨日、図書館が休みだとは_____行ってしまいました。

2）デパートへ行きましたが、何も_____帰って来ました。

3）明日の試験には学生証を_____持って来てください。

4）時間はありますから、＿＿＿＿＿＿よく調べてからやってください。

| 使う　忘れる　知る　急ぐ　買う |

4. ～以上、…

適切な方に○をつけてください。

例）結婚式に出席すると言った以上、（ ⓐ.風邪ぐらいで欠席することはできない ・ b.お金がなくて出席できなくなった ）。

1）犬を飼いはじめた以上、（ a.世話ができなくなった ・ b.きちんと世話をする ）。

2）みんなで決めた以上、（ a.ルールは守ろう ・ b.先生にまで約束を守るように言われた ）。

3）優勝するチャンスが残っている以上、（ a.次の試合では勝てると思います ・ b.最後まであきらめません ）。

4）友達が困っているのを知った以上、（ a.すぐに助けました ・ b.黙って見ていることはできない ）。

5. ～たところで

例）いくら練習したところで、＿一番にはなれないだろう＿。

1）もう6時半です。今からタクシーで行ったところで、7時からのコンサートには＿＿＿＿＿＿＿＿＿＿。

2）彼にはひどいことをしてしまった。謝ったところで、＿＿＿＿＿＿＿＿＿＿。

3）うまく発表できなかった。もっと練習しておけばよかった。でも、今になって後悔したところで、もう＿＿＿＿＿＿＿＿＿＿。

4）もう3時間も話し合っている。これ以上みんなで話したところで、＿＿＿＿＿＿＿＿＿＿。

85

ことばのネットワーク

1. □の中に漢字を1字入れてことばを作りましょう。

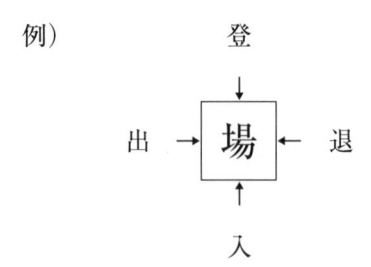

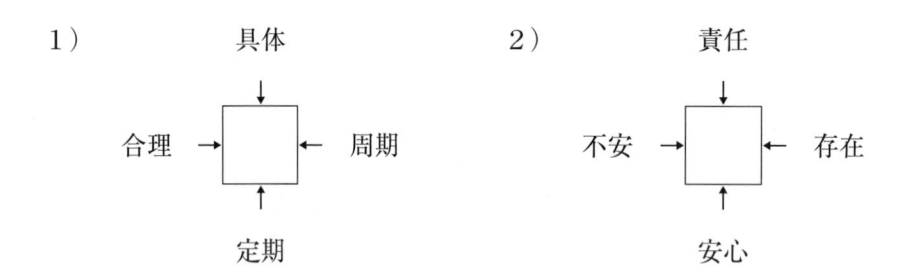

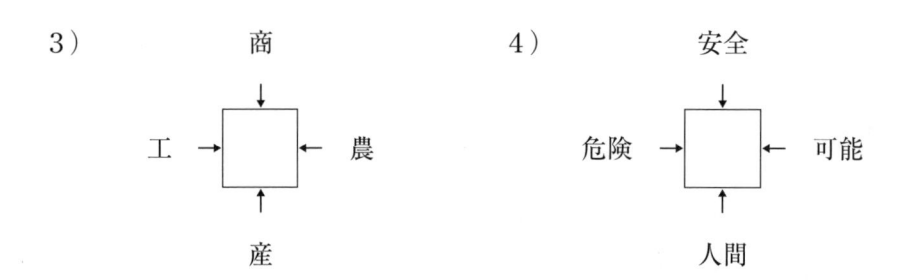

例）
```
       登
       ↓
  出 → 場 ← 退
       ↑
       入
```

1)
```
      具体
       ↓
 合理 → □ ← 周期
       ↑
      定期
```

2)
```
      責任
       ↓
 不安 → □ ← 存在
       ↑
      安心
```

3)
```
       商
       ↓
  工 → □ ← 農
       ↑
       産
```

4)
```
      安全
       ↓
 危険 → □ ← 可能
       ↑
      人間
```

2. （　）に適当な助詞を書きましょう。そして、□からことばを選んで、適当な形に変えて＿＿に書きましょう。

例）娯楽の一つとして休日に映画（ を ）＿楽しむ＿若者が多い。

1) 観光を目的に日本（　　）＿＿＿＿＿外国人が増えている。
2) 名前を呼ばれて後ろ（　　）＿＿＿＿＿と、高校時代の友人が立っていた。
3) スーツを着て行くと、面接官にきちんとした印象（　　）＿＿＿＿＿。
4) 自分の指のサイズ（　　）＿＿＿＿＿、結婚指輪を作ってもらった。

5）毎日同じような食事をしていると、その味（　　　）_____、他のものが食べたくなる。

| 合わせる　振り向く　与える　飽きる　楽しむ　訪れる |

3. 適当な方を選びましょう。

例）この商品は人気があり、消費者の（ **需要** ・ 供給 ）に生産が追い付かない。

1）デパートでは売り上げを伸ばすため、さまざまな（ 戦略 ・ 侵略 ）を考えている。
2）衣・食・住の生活（ 形式 ・ 様式 ）は国や地域で異なる。
3）最近このあたりで殺人事件があったので、夜一人で歩くと、（ 恐怖 ・ 刺激 ）を感じる。
4）地球から見える月の形は（ 周期的 ・ 一時的 ）に変わる。
5）本当の気持ちはどうなのか、他人はもちろん自分でも自分の（ 潜在的 ・ 常識的 ）な意識はわからない。

4. （　　）に入ることばを□から選びましょう。

例）日本では車を運転するとき（ 常に ）シートベルトをしなければならない。

1）電車に乗っていたら、（　　　　　）寝てしまい、乗り過ごしてしまった。
2）土日も働き、（　　　　　）節約しても、家を購入するお金がなかなか貯まらない。
3）300円の宝くじを1枚だけ買ったところ、（　　　　　）1千万円が当たった。
4）お化けや幽霊は自由（　　　　　）現れて、人々を驚かす。
5）はじめは彼の話を信じたが、あとで（　　　　　）嘘とわかった。

| まったくの　自在に　いつのまにか　なんと　どれだけ　常に |

書いてみよう

1. 自分の国や住んでいる所でブームになったことを書きましょう。

   例）妖怪ブーム　　日本食ブーム　　アニメブーム

   1）ブームの名前を書きましょう。
   _____。

   2）そのブームは、どんなものですか。
   _____。

   3）そのブームは、どこで、いつごろ、始まりましたか。
   _____。

   4）そのブームは、なぜ起こったのだと思いますか。
   _____。

   5）そのブームによってどのような社会現象が起きましたか。
   _____。

   6）そのブームのまえやあとに似たような現象は起きましたか。
   _____。

   7）そのブームについて、どう思いますか。
   _____。

2. 1で書いたことを、次の文章の流れにそって、普通体で書きましょう。

   | 【話題提示】　○○ブームは、どんなもので、どこで、いつごろ、始まったか |
   ↓
   | 【原因・背景】　そのブームは、なぜ起こったと思うか |
   ↓
   | 【例示】　そのブームによって起きた社会現象 |
   ↓
   | 【まとめ】　自分の意見 |

話し合ってみよう

1. 聞きかえすときの表現を練習しましょう。

1）例）A： いったんもめんを知っていますか。
　　　　B： えっ、何て言いましたか。
　　　　A： ああ、いったんもめんです。

　①A：鉄腕アトム　　②A：戯曲　　③A：明治時代

2）例）A： えっ、妖怪……何ですか。聞き取れなかったので、もう一度ゆっくり言ってください。
　　　　B： ああ、ウォッチです。妖怪ウォッチです。

　①A：就職／B：活動、就職活動　　②A：ラジオ／B：体操、ラジオ体操
　③A：宗教／B：行事、宗教行事

3）例）A： えっ、何ウォッチですか。聞き取れなかったので、もう一度お願いします。
　　　　B： ああ、妖怪ウォッチです。

　①A：事件／B：殺人事件　　②A：時代／B：江戸時代
　③A：病院／B：新宿総合病院

2. グループに分かれて発表しましょう。

1）「書いてみよう」の**2**で書いたことを発表しましょう。聞いている人はメモをしながら、聞きましょう。聞き取れないことがあったら、**1**で練習した表現を使ってどんどん聞いてください。
2）1）について感想や意見を言いましょう。
3）妖怪ブームはなぜ根強いのだと思いますか。みんなで意見を言いましょう。

あっ、これなに？ 2

公益財団法人メトロ文化財団「平成24年4月マナーポスター」

第 7 課

読むまえに

1. みなさんは地震を経験したことがありますか。それはどんな地震でしたか。

2. 次の地震は、世界地図の㋐〜㋓のどこで起こった地震でしょうか。

世界地図の記号	地震の名前	地震が起きた年	地震の大きさ マグニチュード（M）
1) ＿＿	チリ沖地震	1960年	M9.5
2) ＿＿	アラスカ地震	1964年	M9.2
3) ＿＿	スマトラ島沖地震	2004年	M9.1
4) ＿＿	東北地方太平洋沖地震	2011年	M9.0

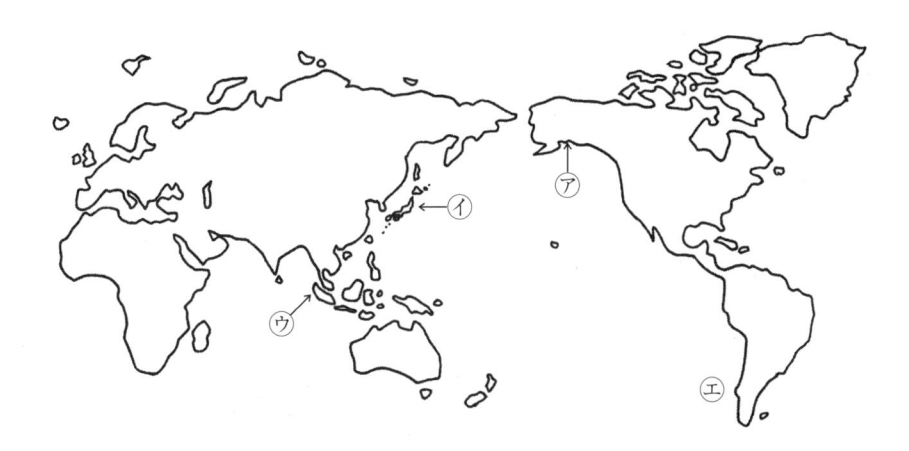

3. 1) 地球が誕生してから、およそ何年経つでしょうか。
   a．4億6千万年　　　b．46億年　　　c．460億年

   2) 人間が誕生してから、およそ何年経つでしょうか。
   a．7万年　　　b．70万年　　　c．700万年

本文 "想定外"の地震だった？

東北地方太平洋沖地震に対して、よく"未曾有"の大地震、という言葉が使われます。未曾有は、"いまだかつてあらず"という意味です。しかし、地球の規模でみた場合、M9.0はけっして未曾有ではないのです。

20世紀以降をみても、1960年、日本に遠地津波災害をもたらしたチリ沖地震は、M9.5で、観測史上最大の地震でした。次いで、1964年のアラスカ地震はM9.2、インド洋に大津波災害をもたらした2004年のスマトラ島沖地震はM9.1でしたから、2011年に起こった東北地方太平洋沖地震（M9.0）は4番目の大きさになります。地球の営みとしては、M9クラスの超巨大地震の発生は、ごくあたり前のことだったのです。

別の言いかたをすれば、地球の営みに対する人間側の経験不足が、"想定外"とか"未曾有の"という表現になっているともいえるでしょう。地球の自然がたどってきた長大な時間に対して、人間が経験してきた時間は、あまりにも短いのです。まして、近代科学が地震現象の解析を進めてきた時間はほんの一瞬にすぎません。

たしかに、その"一瞬"のあいだに、地球の科学は多くの成果をあげてきましたし、防災上の貢献も果たしてきました。ただその科学が、時間的にも空間的にも、さらに大規模な自然現象を測りきれなかったのが、東北地方太平洋沖地震だったといえるのではないでしょうか。

伊藤和明（2011）『日本の津波災害』岩波書店より

文章の型

____に適当な語句、(　　)に接続語句を入れましょう。

事実：東北地方太平洋沖地震＝"未曾有"（"いまだかつてあらず"）の大地震という言葉が使われる。

↕

意見：(　　　　　)、_____、M9.0はけっして未曾有ではない。

　根拠：1．1960年チリ沖地震　　　　M9.5
　　　　　2．1964年アラスカ地震　　　　M9.2
　　　　　3．2004年スマトラ島沖地震　　M9.1
　　　　　4．2011年東北地方太平洋沖地震　M9.0

意見：_____としては、M9クラスの超巨大地震の発生はごくあたり前。

別の言いかた：_____に対する人間側の_____
　→ "想定外"、"未曾有の"という表現。
　根拠：地球の自然がたどってきた長大な時間 ⇔ 人間の_____
　　はあまりにも短い。
　　(　　　　)、近代科学が地震現象の解析を進めてきた時間：ほんの一瞬

　(　　　　)、その"一瞬"のあいだに、地球の科学は多くの成果をあげてきた。防災上の貢献も果たしてきた。

↓

結論：(　　　　) その科学が、時間的にも空間的にも、さらに_____を測りきれなかった。＝東北地方太平洋沖地震

Q & A

1. 「未曽有」を説明している「いまだかつてあらず」はどういう意味ですか。

2. この文章によると、「M9.0」以上の地震は20世紀以降何回起こりましたか。

   a．1回
   b．2回
   c．3回
   d．4回

3. 「東北地方太平洋沖地震」が「未曽有」の地震だと言われる理由を筆者はどう考えていますか。最も適切なものを選びなさい。

   a．地球の営みとしてごくあたり前に起こる地震だから。
   b．人間があまり経験してこなかった規模の地震だから。
   c．20世紀以降初めて起きた超巨大地震だから。
   d．科学があまり多くの成果をあげてこられなかったから。

4. 「近代科学が地震現象の解析を進めてきた時間」はなぜ「ほんの一瞬」と言えるのですか。

   a．超巨大地震は20世紀以降の短い期間に起こっているから。
   b．地球の科学が非常に短い時間で多くの成果をあげてきたから。
   c．地球の自然がたどってきた長大な時間と比べて、あまりにも短いから。
   d．東北地方太平洋沖地震で津波が一瞬のうちに大きな被害を与えたから。

5. 「東北地方太平洋沖地震」について筆者はどう考えていますか。

   a．今まで起こったことがないほど大きな地震
   b．防災上の貢献を果たすことのできた地震
   c．科学では予測できなかった規模の地震
   d．地震現象の解析を進めることのできた地震

Grammar Notes

1. けっして〜ない　on no account ~, never ~

けっして ｛ Vない-formない / い-adj　〜い→くない / N／な-adj　〜だ→ではない ｝

けっして〜ない expresses strong denial.

a. しかし、地球の規模でみた場合、M9.0は**けっして**未曽有**ではない**のです。
   But on a global scale, M 9.0 is certainly not unprecedented.

b. この映画はとても怖いですから、**けっして**夜一人で見**ない**でください。
   This movie is very scary. On no account watch it alone at night.

c. 彼が優勝できたのは熱心に練習したからです。**けっして**運がよかったから**ではありません**。
   The reason he won is that because he practiced so earnestly. It is certainly not because he was lucky.

2. 〜に対する　regarding ~

N1　に対する　N2

The action, feeling, attitude, response toward an object (N1) is expressed by N2.

a. 地球の営み**に対する**人間側の経験不足が、"想定外"とか"未曽有の"という表現になっているともいえるでしょう。
   We could say that people's lack of experience of the workings of the earth are the reason for the expressions "unexpected" and "unprecedented".

b. あの映画監督は外国人だが、日本の文化や歴史**に対する**深い理解がある。
   That movie director is a foreigner but his/her understanding of Japanese culture and history is very deep.

c. このひどい事件**に対する**人々の怒りは、けっして消えなかった。
   People's anger regarding this terrible event never disappeared.

The pattern 〜に対して expresses an action, a feeling, an attitude or a response toward a subject indicated by 〜.

d．東北地方太平洋沖地震**に対して**、よく"未曽有"の大地震、という言葉が使われます。
The description "unprecedented" major earthquake is much used regarding the Great East Japan Earthquake.

e．この学校では成績のよい学生**に対して**奨学金が与えられます。
Scholarships are given to students of this school who perform well.

3. ～てきた　expresses something continuing from the past
(cf. ～てきた in Lesson 9-6)

Ｖて-form ＋きた

Indicates an action or event that has been continuing from the past to the present time.

a．地球の自然がたどっ**てきた**長大な時間に対して、人間が経験し**てきた**時間は、あまりにも短いのです。
With respect to the enormous of time that the earth's natural phenomena have been in existence, the time that humans have experienced is so short.

b．子どものころからずっとピアノを習っ**てきた**。
I have been learning the piano ever since I was a child.

c．このお祭りは100年以上も続い**てきた**。
This festival has continued for at least 100 years.

4. ～に対して　compared to ～

V
い-adj } plain form ＋の
な-adj
N } plain form（exception：～だ→な）＋の
} に対して

An expression used to contrast two things or matters. The meaning and usage are different from those explained for ～に対して in item **2**.

a．地球の自然がたどってきた長大な時間**に対して**、人間が経験してきた時間は、あまりにも短いのです。
Compared to the enormous amount of time that the earth's natural phenomena have been in existence, the time that humans have experienced is so short.

b．一般的に、女性の声**に対して**男性の声は、トーンが低い。
Generally, compared to women, the tone of men's voices is lower.

c. 冬、日本海側は雪の日が多いの**に対して**、太平洋側は晴れの日が多い。
In winter, in contrast to the large number of snowy days on the Japan Sea side there are many fine days on the Pacific Ocean side.

5. まして （adverb） how much more, how much less, not to mention ~

An expression used to for emphasis when the thing that you are next going to say is much more or less than the thing that went before.

a. 人間が経験してきた時間は、あまりにも短いのです。**まして**、近代科学が地震現象の解析を進めてきた時間はほんの一瞬にすぎません。
The time that humans have experienced is so short. The time that modern science has analyzed earthquake phenomena is much shorter, no more than an instant.

b. 夫は部屋のカーテンを換えても気がつきません。**まして**、新しいスリッパに気がつくはずがありません。
My husband doesn't notice if I change the curtains. **There's no way** he would notice new slippers.

c. これは大人が聞いても難しい話です。**まして**、子どもにはわからないでしょう。
This would be difficult to understand even for adults. Children would understand it even less.

6. 〜にすぎない   no more than ~, merely ~

V / い-adj : plain form
な-adj / N : plain form (exception：〜だ）（である）
 → にすぎない

This is an expression used for emphasis when someting is small in degree or does not amount to much. It may be used together with words like ほんの (just, nothing but, mere).

a. まして、近代科学が地震現象の解析を進めてきた時間はほんの一瞬**にすぎません**。
The time that modern science has analyzed earthquake phenomena is much shorter, no more than an instant.

b. 夏休みは取れましたが、たった3日間**にすぎません**。
I may have been able to get a summer holiday, but it's merely 3 days.

c. 道で車の写真を撮っていた**にすぎない**のに、警察に注意された。
Though I was merely taking a photo of a car on the street, I was cautioned by the police.

7. たしかに、〜。(しかし／ただ／でも) (conjunction)
certainly ~ (but, however)

Indicates acceptance of the content coming after たしかに, though not all of it. After that a negative view or differing opinion is expressed.

a. **たしかに、**その"一瞬"のあいだに、地球の科学は多くの成果をあげてきましたし、防災上の貢献も果たしてきました。**ただ**その科学が、時間的にも空間的にも、さらに大規模な自然現象を測りきれなかったのが、東北地方太平洋沖地震だったといえるのではないでしょうか。
Earth science has certainly achieved much in that "instant" and contributed to disaster prevention. However, couldn't one say that temporally and spatially, the Great East Japan Earthquake was an even larger natural phenomenon that was immeasurable to science?

b. **たしかに、**このパソコンは軽くて性能もいい。**しかし、**値段が高すぎて買えない。
This PC is certainly light and has high performance. But I can't buy one because it's too expensive.

c. **たしかに、**私も手伝うと言いました。**ただ、**私が一人でやるとは言っていません。
I certainly said I would help. But I didn't say that I would do it by myself.

8. ただ (conjunction) but, however

Used to add that one is not in complete agreement with what has gone before. In many cases, the sentence started by ただ adds something negative to positive content said previously. However, it may also be used to add something positive in the case that the sentence that went before had negative content.

a. 地球の科学は多くの成果をあげてきましたし、防災上の貢献も果たしてきました。**ただ**その科学が、時間的にも空間的にも、さらに大規模な自然現象を測りきれなかったのが、東北地方太平洋沖地震だったといえるのではないでしょうか。
Earth science has achieved much and contributed to disaster prevention. However, couldn't one say that temporally and spatially, the Great East Japan Earthquake was an even larger natural phenomenon that was immeasurable to science?

b．このあたりは駅に近くて便利です。**ただ**、夜は少しうるさいです。
As it's near the station, this neighborhood is convenient but it's a little noisy at night.

c．あのホテルは部屋は狭いし、食事もまずいし、もう泊まりたくない。**ただ**、場所はよかった。
In that hotel the rooms were small and the food was not good so I don't want to stay there again. But it had a good location.

9．〜きれない　can't do all of ~, can't completely ~

Vます-form ＋きれない

〜きる means to do all or do to the end. 〜きれない means that one can't do all, do completely or do to the end.

a．ただその科学が、時間的にも空間的にも、さらに大規模な自然現象を測り**きれなかった**のが、東北地方太平洋沖地震だったといえるのではないでしょうか。
However, couldn't one say that temporally and spatially, the Great East Japan Earthquake was an even larger natural phenomenon that was immeasurable to science?

b．図書館でたくさん本を借りたが、週末だけでは読み**きれない**。
I borrowed a lot of books from the library but I won't be able to read them all in just the weekend.

c．田中さんにはとてもお世話になった。いくら感謝しても、感謝し**きれない**。
I feel very indebted to Tanaka-san. I cannot thank him/her enough.

10．〜のではないでしょうか　Isn't it perhaps so that ~?
(cf. 〜のではないか in Lesson 10-6)

V / い-adj	plain form	
な-adj / N	plain form（exception：〜だ→な）	のではないでしょうか

Expresses an uncertain judgment by a speaker. While it contains the negative form ない, it does not have a negative meaning. It also contains the interrogative form ないでしょうか but rather than asking the listener (or reader) a question it is seeking agreement. Therefore, there is falling intonation at the end of the sentence.

a．ただその科学が、時間的にも空間的にも、さらに大規模な自然現象を測りきれなかったのが、東北地方太平洋沖地震だったといえる**のではないでしょうか**。
However, couldn't one say that temporally and spatially, the Great East Japan Earthquake was an even larger natural phenomenon that was immeasurable to science?

b．この道は車が多く、小学生の通学は危険な**のではないでしょうか**。
There's a lot of traffic on this road. Isn't it dangerous for elementary school students going to and from school?

c．木村さんはお金のことは何も言いませんが、本当は困っている**のではないでしょうか**。
Kimura-san doesn't talk about money but couldn't he/she really be in trouble?

練習

1. けっして〜ない

例）高校生にこの問題は難しいです。大学生にとっても、けっして<u>簡単</u>ではありません。

1）最近では女性のバスの運転手もけっして＿＿＿＿＿＿＿＿＿＿＿＿＿＿＿＿＿＿＿＿。
2）お酒を飲んだあとは、けっして＿＿＿＿＿＿＿＿＿＿＿＿＿＿＿＿＿＿＿＿＿＿。
3）いろいろお世話になりました。国へ帰っても皆様のご親切はけっして＿＿＿＿＿＿。
4）人の悪口はけっして＿＿＿＿＿＿＿＿＿＿＿＿＿＿＿＿＿＿＿＿＿＿＿＿＿。

簡単です　忘れます　言います　珍しいです　運転します

2. 〜に対する

例）彼は｛仕事／責任感／に対する｝足りない。
→彼は<u>　仕事に対する責任感が　</u>足りない。

1）彼には｛将来／前向きな／に対する／姿勢｝見られる。
→彼には＿＿＿＿＿＿＿＿＿＿＿＿＿＿＿＿＿＿＿＿＿＿＿＿＿＿＿見られる。
2）｛駐車違反／罰金／に対する／1か月以内｝払わなければならない。
→＿＿＿＿＿＿＿＿＿＿＿＿＿＿＿＿＿＿＿＿＿＿＿＿＿＿払わなければならない。
3）｛A社の／不満や苦情／サービス／に対する｝増えている。
→＿＿＿＿＿＿＿＿＿＿＿＿＿＿＿＿＿＿＿＿＿＿＿＿＿＿＿＿＿増えている。

3. 〜てきた

例）優勝するために、毎日厳しい練習を<u>　してきた　</u>。

1）「桃太郎」の話は日本の子どもたちに＿＿＿＿＿＿＿＿＿＿＿＿＿。
2）これまでN食品会社が＿＿＿＿＿＿＿＿商品は、全部で100種類以上ある。
3）今まで仕事ばかり＿＿＿＿＿＿＿＿が、これからは趣味も大切にしたい。
4）あなたのわがままをずっと＿＿＿＿＿＿＿＿＿が、もうこれ以上、がまんできない。

101

4. 〜に対して

例) 読書が好きな兄に対して、弟は　体を動かすことが好きなようです　。

1) 犬は飼い主の言うことをよく聞くのに対して、猫は＿＿＿＿＿＿＿＿＿＿＿＿＿＿＿。
2) 都会での生活は何かと疲れるのに対して、田舎の生活は＿＿＿＿＿＿＿＿＿＿＿＿＿＿＿。
3) 私は＿＿＿＿＿＿＿＿＿＿＿＿＿のに対して、姉は＿＿＿＿＿＿＿＿＿＿＿＿＿＿＿。

5. まして

例) 最近はテレビでニュースを見ない人が増えている。まして、新聞を読まない人は
　　　もっと増えているはずだ　。

1) 私は授業中にあくびをしただけで、A先生に注意されました。

　　まして、＿＿＿＿＿＿＿＿＿＿＿＿＿＿＿＿＿＿＿＿＿＿。

2) 私は将棋が好きだけれど、学生の大会でも勝ったことがない。

　　まして、プロに＿＿＿＿＿＿＿＿＿＿＿＿＿＿＿＿＿＿＿＿。

3) 初めて会った人に年齢を聞くのは失礼です。まして、＿＿＿＿＿＿＿＿＿＿＿など

　　聞いてはいけません。

6. 〜にすぎない

例) アルバイトの時給が上がったが、　たった20円　にすぎない。

1) このマンションには幽霊が出ると言われていますが、＿＿＿＿＿にすぎません。
2) フランスに留学していたことはあるのですが、＿＿＿＿＿にすぎません。
3) ダイヤモンドのようにきれいに光っているけれど、これは＿＿＿＿＿にすぎない。

7. たしかに、〜。（しかし／ただ／でも）

例) たしかに、私が悪かった。しかし、　もう謝ったのだから、許してほしい　。

1) たしかに、日本人は写真好きだ。

　　しかし、＿＿＿＿＿＿＿＿＿＿＿＿＿＿＿＿＿＿＿＿＿＿＿＿。

2）たしかに、昨日の試験は難しかったと思います。

　　でも、_____。

3）たしかに、あの歌手は歌がうまい。でも、_____。

8. ただ

例）このレストランはサービスもよくて料理もおいしい。ただ、　値段が高すぎる　。

1）いつでも遊びに来てください。ただ、土曜日だけは用事があるので、

　　_____。

2）私はビールもワインも好きです。ただ、_____。

3）この山は、子どもでも登りやすいので人気があります。

　　ただ、_____。

9. 〜きれない

例）こんなにたくさんの料理は一人では　食べきれません　。

1）アンケート用紙をもらったが、書きたいことが多すぎて、_____。

2）私は毎日たくさんの失敗をしていますから、小さな失敗は、_____。

3）父は私に「歌手になる夢をあきらめて他の仕事を探せ」と言うが、どうしても

　　_____。

10. 〜のではないでしょうか

例）何度やっても確かなデータが得られません。この実験は、　うまくいかない　の

　　ではないでしょうか。

1）子どもが川で泳いでいるのを見ました。川で泳ぐのは_____

　　のではないでしょうか。

2）規則を作っても、だれも守れないのなら、もう一度話し合って_____

　　のではないでしょうか。

3）卒業論文を今から直しても、明日の締め切りまでに_____

　　のではないでしょうか。

ことばのネットワーク

1. □の中に漢字を1字入れてことばを作りましょう。

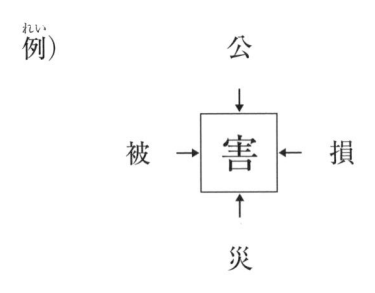

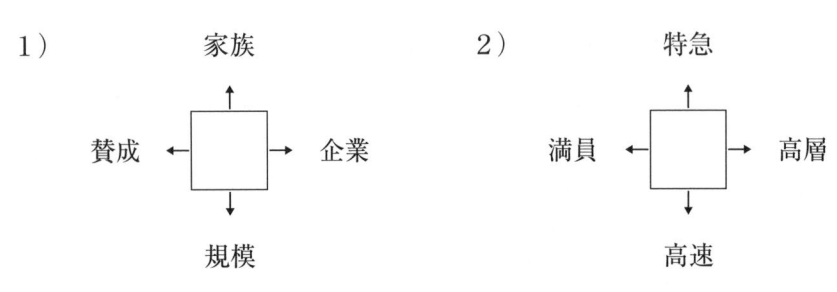

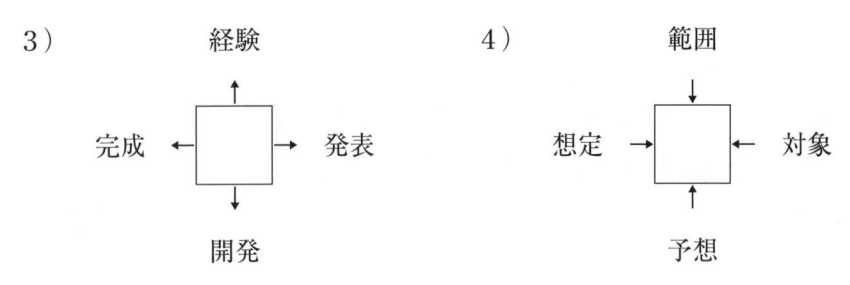

例)
```
      公
      ↓
被 → 害 ← 損
      ↑
      災
```

1)
```
      家族
      ↑
賛成 → □ → 企業
      ↓
      規模
```

2)
```
      特急
      ↑
満員 → □ → 高層
      ↓
      高速
```

3)
```
      経験
      ↑
完成 → □ → 発表
      ↓
      開発
```

4)
```
      範囲
      ↓
想定 → □ ← 対象
      ↑
      予想
```

2. 適当な方を選びましょう。

例)温暖化の影響により自然（ (災害) ・ 公害 ）が増えている。

1) マグニチュード9以上の地震は過去に何回もあり、（ 想定 ・ 仮定 ）外の地震だったとは言えない。

2) 津波は地震などで海水が大きく揺れて起こる（ 発生 ・ 現象 ）です。

3) 地震のあと、30分以内に大津波が（ 発生 ・ 発見 ）した。
4) 富士山の頂上には天候の変化を（ 観光 ・ 観測 ）する場所がある。
5) 自然災害に備えて地域で（ 防災 ・ 防止 ）訓練が行われている。

3. （　）に適当な助詞を書きましょう。そして、□からことばを選んで、適当な形に変えて＿＿に書きましょう。

例） 未曾有は「いままでになかった」という意味（ を ） 表します 。

1) 大雨と強風で川が氾濫し、大きな被害（　　）＿＿＿＿＿た。
2) 人類（　　）＿＿＿＿＿きた歴史を見ると、これからどのように進化するか知りたくなる。
3) この大学病院では目の治療に使う新薬の研究（　　）ずっと＿＿＿＿＿きた。
4) 予算を増やして、研究の成果（　　）＿＿＿＿＿た。
5) 南極観測は地球温暖化の原因を調査するための大きな貢献（　　）＿＿＿＿＿た。

表す　たどる　あげる　もたらす　進める　果たす

4. （　）に入ることばを□から選びましょう。

例） 日本のみなさんに親切にしていただいたことは（ けっして ）忘れません。

1) （　　　　　）こんな大きな地震を経験したことがなかったため、政府の対応が遅れた。
2) （　　　　　）成績が悪くて、大学を卒業できなかった。
3) 昔は困ったとき近所の人が助け合うのは（　　　　　）普通のことでした。
4) 地球の営みから考えれば人間の一生は（　　　　　）一瞬にすぎない。
5) 指にけがをして、うまくスプーンが持てない。（　　　　　）、箸は使えない。
6) このレポートはよく書けている。（　　　　　）、漢字の間違いが多いのが残念だ。
7) このパソコンは、バージョンアップされて、（　　　　　）使いやすくなった。

| ほんの　けっして　ただ　いまだかつて |
| ごく　あまりにも　まして　さらに |

105

書いてみよう

1. 次のことばを練習しましょう。必要なら、正しい形に変えてください。

偉大な　非力さ　防ぐ　予測する

   1）この町では、火事を（　　　）ために、ボランティアの人がパトロールしている。
   2）その科学者は（　　　）発見をして、ノーベル賞をもらった。
   3）政府は、2050年の日本の人口は1億人以下になると（　　　）いる。
   4）大地震のような大きな自然の力に対して、人間の（　　　）を感じる。

2. 自分が住んでいる所ではどんな自然災害がありますか。その自然災害は人間の力で防ぐことができると思いますか。次の文章の流れにそって意見を普通体で書きましょう。住んでいる所で何も自然災害がなかったら、知っている所のことを書いてください。

   例）台風　ハリケーン　竜巻　地震　津波　洪水　干ばつ　雪崩　噴火……

   ```
   自分が住んでいる所ではどんな自然災害があるか、
   その災害でどんなことが起きるか、書く
   ```
   ⬇
   ```
   その災害を人間の力で防ぐことができると思うかどうか、書く
   ```
   ⬇
   ```
   そう思う理由を書く
   ```
   ⬇
   ```
   自然と人間の関係について自分の意見を書く
   ```

話し合ってみよう

1. 話し合いで司会者が使う表現をグループになって練習しましょう。

    1）話し合いを始めるとき

    司会者：それでは、これから（　　）について話し合いを始めたいと思います。
    　　　　司会のAです。よろしくお願いします。
    　　　　では、Bさん、意見を発表してください。

    ┌─────────────────────────────────────┐
    │ ①日本人の行動と習慣　　　②待ち時間　　　　　│
    │ ③ブームになっていること　④自然と人間　　　　│
    └─────────────────────────────────────┘

    2）聞いている人に質問や意見を求めるとき

    司会者：質問や意見はありませんか。Cさん［は］、どうでしょうか。

    3）話し合いを終わるとき

    司会者：そろそろ時間になりましたので、話し合いを終わりたいと思います。
    　　　　ありがとうございました。

2. グループに分かれて話し合いましょう。

    1）グループの司会者を決めてください。
    2）司会者は1の表現を使って、「自然と人間」について話し合いを進めてください。
    　　司会者に指名された人は、「書いてみよう」2で書いたことを発表してから、他の人の意見を聞きましょう。

第8課

読むまえに

1. 次の動物を見てどんなことばを連想しますか。話し合ってみましょう。

たとえば……

| 大きい　　おとなしい　　賢い　　怖い　　神様　　乳 |

2. 私たち人間はこれらの動物をどのように利用しているか、考えてみましょう。

本文　クジラと日本人

　日本人は昔からクジラと親しんできた。また、クジラは食べ物として貴重なタンパク源だった。だから、クジラを食べることは日本人の文化であり、これを守るべきだという意見が日本にはある。一方、イギリス人やアメリカ人などもクジラの油を得るために18世紀からクジラを捕っていたが、クジラを食べる習慣はない。そのため、彼らは「日本人は知能が発達した動物を食べる民族」と非難している。

　捕鯨に反対する人たちは、クジラは哺乳類だから魚類と分けて考えるべきだと主張する。一度に1頭か2頭しか子どもを産まない哺乳類を、一度に何千、何万という卵を産む魚類といっしょにはできないというのだ。

　これに対して、捕鯨を進めようとする人たちは、生物資源は基本的に魚もクジラも同じで、利用できるものは利用すべきだという。そして、「*IWCの捕鯨禁止の決定は科学的ではない」と反対している。

　このように、捕鯨の問題はさまざまな国民の感情や国際問題が絡んでおり、どの国の意見が正しいとは簡単には言えない。

*IWC：International Whaling Commission

大槻義彦（1993）『学校で教えない科学常識ウソ、ホント　知っているつもりで大間違い』経済界より

文章の型

＿＿に適当な語句を入れて、この文章の型をとらえましょう。

捕鯨を進めようとする人たち	捕鯨に反対する人たち
・＿＿＿＿＿＿＿＿＿＿ ・昔からクジラと＿＿＿＿＿＿＿＿＿＿ ・クジラは＿＿＿＿＿＿＿＿＿として貴重なタンパク源 ・クジラを食べることは日本人の＿＿＿＿＿＿ → これを＿＿＿＿＿＿だという意見	・イギリス人、アメリカ人 ・＿＿＿＿＿＿＿＿＿＿＿＿＿＿ために18世紀からクジラを捕っていた ・クジラを食べる習慣は＿＿＿＿＿＿ ・「＿＿＿＿＿＿＿＿＿＿＿＿＿＿」と日本人を非難
・生物資源は基本的に魚もクジラも＿＿＿＿＿＿＿＿＿＿＿＿＿べき ・IWCの捕鯨禁止の決定は＿＿＿＿＿＿＿＿＿＿＿＿＿	・クジラは哺乳類だから＿＿＿＿＿＿＿＿＿＿＿＿＿べき

──（このように）──

⬇

捕鯨の問題：さまざまな国民の感情や国際問題が絡んでいる。
→ どの国の意見が正しいとは＿＿＿＿＿＿＿＿＿＿＿＿＿。

Q & A

1. 次の文はクジラといろいろな国の人との関係について書いたものです。日本人のことについて書いてある文にはA、イギリス人やアメリカ人について書いてある文にはBを書いてください。

　　1）クジラを食べる習慣がある。　　　　　　　　　　　　　　（　　）
　　2）クジラを食べる習慣がない。　　　　　　　　　　　　　　（　　）
　　3）クジラを捕ってその油を利用していた。　　　　　　　　　（　　）
　　4）クジラを捕ってその肉を利用していた。　　　　　　　　　（　　）
　　5）クジラを食べるという文化を守るべきだと思っている。　　（　　）

2. 日本人はイギリス人やアメリカ人に何といって非難されていますか。

　　a．一度に1～2頭しか子どもを産まない哺乳類を食べる人たち。
　　b．知能が発達した動物を食べる人たち。
　　c．一度に何千、何万という卵を産む魚類を食べる人たち。
　　d．高価な生き物を食べる人たち。

3. 次の文は捕鯨に関する意見です。捕鯨に賛成している人たちの意見にはA、反対している人たちの意見にはBを書いてください。

　　1）生物資源として、基本的に魚と哺乳類は違う。　　　　　　（　　）
　　2）生物資源として、基本的に魚も哺乳類も同じだ。　　　　　（　　）
　　3）哺乳類は子どもを少ししか産まないので、大切にすべきだ。（　　）
　　4）人間にとって役に立つものは利用すべきだ。　　　　　　　（　　）
　　5）捕鯨に関する規則の決め方は科学的ではない。　　　　　　（　　）

4. 筆者は捕鯨に関してどのような意見を持っていますか。

Grammar Notes

1. また （conjunction） in addition, also

Used to add something new to what was said before or say something parallel to it.

a. 日本人は昔からクジラと親しんできた。**また**、クジラは食べ物として貴重なタンパク源だった。
Japanese have felt familiarity with whales since long ago. In addition, as a food, whales were a valuable source of protein.

b. 明日は歩きやすい靴で来てください。**また**、雨が降るかもしれないので、傘も持って来てください。
Wear comfortable shoes when you come tomorrow. Also bring an umbrella because it may rain.

c. この町の人々は冬によくスキーをします。**また**、スケートも人気があります。
People in this town ski a lot in winter. Skating is also popular.

In また会いましょう (let's meet again) and また間違えた (I got/did it wrong again) また has a different meaning from that above. It is an adverb and means もう一度 (once more).

2. ～べきだ should ~, must ~

V dictionary form ＋べきだ

(In the case that する precedes べき there are two forms; するべき and すべき.)

The meaning is that doing ～ is obviously appropriate or correct. The negative form is ～べきで［は］ない.

a. クジラを食べることは日本人の文化であり、これを守る**べきだ**という意見が日本にはある。
There is the opinion in Japan that eating whales is part of Japanese culture and that this must be protected.

b. 迷惑をかけたのですから、彼は彼女に謝る**べきだ**と思います。
He caused her some trouble so I think he should apologize her.

c. 昨日のテストのまえに、きちんと復習す**べきだった**。
I should have studied properly before yesterday's test.

d. 生活が苦しい人が増えている。消費税を上げる**べきではない**。
People who are finding it hard to live are increasing. The consumption tax should not be raised.

3. 一方 (conjunction)　on the other hand, whereas

While the usual meaning of 一方 (noun) is "one of two things", it can also be used as a conjunction, as in the example in the text. In this case, it is used when switching from one subject to another, which is in contrast.

a．クジラを食べることは日本人の文化であり、これを守るべきだという意見が日本にはある。**一方**、イギリス人やアメリカ人などもクジラの油を得るために18世紀からクジラを捕っていたが、クジラを食べる習慣はない。
There is the opinion in Japan that eating whales is part of Japanese culture and that this must be protected. On the other hand, the British, Americans and others started hunting whales in the 18th century, for their oil, but they have had no custom of eating whales.

b．沖縄ではもう桜が咲いている。**一方**、北海道ではまだ雪が降っている。
The cherry blossoms are already out in Okinawa but on the other hand it's still snowing in Hokkaido.

c．兄はスポーツが得意で野球も水泳もできる。**一方**、弟はスポーツよりも読書が好きなタイプだ。
My elder brother is good at sports and can play baseball and swim well, whereas my younger brother prefers reading books to sports.

4. そのため （conjunction） for that reason

Indicates a cause or a reason. It is a logical expression mainly used in writing. に may be added to そのため. When 2 sentences are joined by そのため, the part before it is the cause or reason and the part after it the result.

a. イギリス人やアメリカ人などもクジラの油を得るために18世紀からクジラを捕っていたが、クジラを食べる習慣はない。**そのため**、彼らは「日本人は知能が発達した動物を食べる民族」と非難している。
The British, Americans and others started hunting whales in the 18th century, for their oil, but they have had no custom of eating whales. For that reason, they criticize the Japanese saying they are eating a highly intelligent animal.

b. 円が1ドルに対して50円も安くなった。**そのため**、日本から海外に製品を輸出する会社は景気がよくなった。
＝円が1ドルに対して50円も安くなった**ため**、日本から海外に製品を輸出する会社は景気がよくなった。
The yen has dropped 50 yen against the dollar so the business of Japanese companies exporting goods to other countries has improved.

c. 昨日この町で大きな国際会議があった。**そのため**、どこのホテルも満室だった。
There was a major international conference in this town yesterday. For that reason, hotels everywhere were full.

練習

1. 〜べきだ

例） A： あの人はいつも遅れて来ますね。
　　　（時間は守ります）
　　B： そうですね。＿時間は守るべきだ＿と思いますね。

1） A： 田中さんは、友達に借りたお金のことを忘れていたそうですよ。
　　　（借りたお金は早く返します）
　　B： 本当ですか。＿＿＿＿＿＿＿＿＿＿＿＿＿＿＿＿＿＿＿＿でしょう。

2） A： 税金が高いですねえ。
　　　（税金はもっと安くします）
　　B： そうですね。＿＿＿＿＿＿＿＿＿＿＿＿＿＿＿＿＿＿＿＿と思います。

3） A： 欠席している田中さんの意見も聞いてから決めましょうか。
　　　（出席している人の意見だけで決めません）
　　B： そうしましょう。＿＿＿＿＿＿＿＿＿＿＿＿＿＿＿＿＿＿＿＿と思います。

2. 一方

例） 冬は、太平洋側は晴れの日が多い。一方、日本海側は、＿雪が降る日が多い＿。

1） 日本、タイ、イギリスなどでは、車は左側通行なので、右ハンドルの車が多い。
　　一方、アメリカや中国では、＿＿＿＿＿＿＿＿＿＿＿＿＿＿＿＿＿＿＿＿。

2） 年配の人は、伝統的なものを大切にしようとする。
　　一方、若い人は、＿＿＿＿＿＿＿＿＿＿＿＿＿＿＿＿＿＿＿＿。

3） 一般的に、男の子は電車や車のおもちゃで遊ぶのが好きだ。
　　一方、女の子は、＿＿＿＿＿＿＿＿＿＿＿＿＿＿＿＿＿＿＿＿。

3. また・だから・そのため・一方

1) 統計によると、日本では高齢者が増えている。(　　　　)、結婚しない人も増えている。

2) 〈ニュースで〉
午後1時30分ごろ、関東地方で強い地震がありました。(　　　　)、新幹線は運転を見合わせています。

3) 〈パーティー会場で〉
A： 30分も待ったのに、山田さん、まだ来ないね。
B： (　　　　)、もう始めようよ。

4) 電話は相手と直接話せるから便利だが、相手の都合を考えなければならない。(　　　　)、メールは、相手と直接は話せないが、相手の都合を考えずに、送りたいときに送れる。

| また　　だから　　そのため　　一方 |

4. として・そのため・一方・という

　ある調査によると、日本では、将来子どもに公務員になってほしいと期待している親が多いそうである。子どもに安定した収入がある生活を送ってほしい(　　　　)親の気持ちはよく理解できる。(　　　　)、子どもは、スポーツ選手や歌手のような華やかな仕事に就きたいと思っているようである。この結果は、親(　　　　)は不安だろうが、心配はいらない。この子どもたちが成長し、大学生になると、彼らは就きたい職業の上位に「公務員」を挙げるのだ。(　　　　)、公務員試験の倍率は高く、大学生向けの予備校まで人気になっているのである。

| として　　そのため　　一方　　という |

ことばのネットワーク

1. □の中に漢字を1字入れてことばを作りましょう。

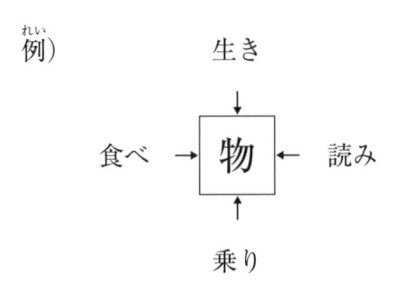

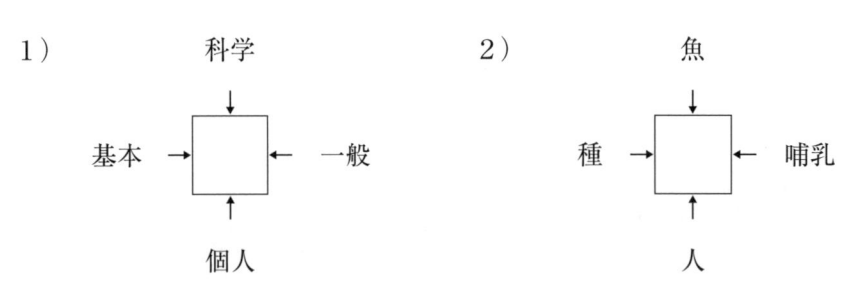

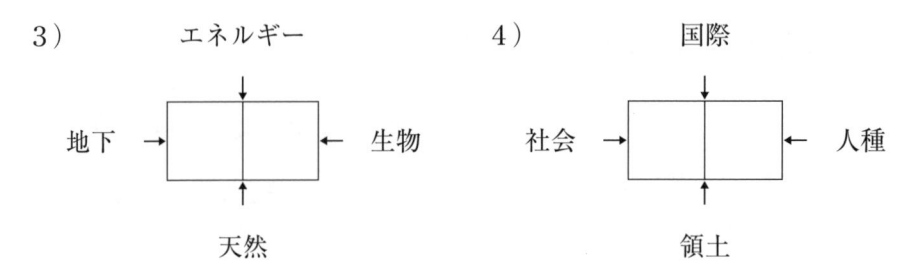

例）
```
        生き
         ↓
  食べ → 物 ← 読み
         ↑
        乗り
```

1）
```
        科学
         ↓
  基本 → □ ← 一般
         ↑
        個人
```

2）
```
        魚
         ↓
  種 → □ ← 哺乳
         ↑
        人
```

3）
```
        エネルギー
           ↓
  地下 → □ ← 生物
           ↑
         天然
```

4）
```
        国際
          ↓
  社会 → □ ← 人種
          ↑
         領土
```

2. （　）に適当な助詞を書きましょう。そして、□からことばを選んで、適当な形に変えて＿＿に書きましょう。

例）書類の書き方がわからないときは、事務所の人（ に ）＿質問して＿ください。

1）論文は感想ではなく、自分の意見や考え（　　）きちんと＿＿＿＿＿＿なければならない。

2）自然を守る会の人たちは「貴重な森や動物を残すべきだ」（　　）強く＿＿＿＿＿＿いる。

3）来年の世界会議の開催地が京都（　　）＿＿＿＿＿＿た。

4）人の欠点や間違い（　　）＿＿＿＿＿＿まえに、自分の行いを反省したほうがよい。
5）事故が起きてから、原発の建設（　　）＿＿＿＿＿＿人が増えた。

| 主張する | 反対する | 決定する | 述べる | 質問する | 非難する |

3. 適当な方を選びましょう。

例）オリンピックの開催に間に合うように、準備を（　進んで　・(進めて)）いる。

1）日本へ留学し、多くのことを学び、さまざまな知識を（　もらった　・　得た　）。
2）レポートをまとめるとき、いつも図書館を（　利用　・　応用　）している。
3）子どもは生まれてから少しずつ知能が（　発達　・　発展　）する。
4）子どものころから本に（　慣れて　・　親しんで　）きたので、今も読書が好きだ。
5）捕鯨の問題は文化や習慣の違いなど複雑な問題が（　絡んで　・　込んで　）いる。

4. 最も適当なことばを選びましょう。

例）病気で（　体長　・(体重)・　体力　）が5キロも減った。

1）クジラは（　知識　・　知能　・　知力　）の発達した動物である
2）クジラは食べ物として身近なタンパク（　油　・　源　・　種　）だった。
3）この博物館には江戸の歴史や文化に関する（　重体　・　貴重　・　重度　）な資料が多く展示されている。
4）オペラ歌手たちは喜びや悲しみの（　感謝　・　感情　・　感心　）をこめて歌い、演技していた。

書いてみよう

1. 次のことばを練習しましょう。必要なら、正しい形に変えてください。

```
禁止する    継続する    哺乳類    魚類    食文化
感情的な    習慣的な    知能が高い    知能が高くない
```

1）ことばの勉強は、（　　　　　　　　）ことが大切です。
2）イルカは、（　　　　　　　　）生き物と言われています。
3）牛、クジラ、猫などは（　　　　　　　　）です。
4）話し合いのときは（　　　　　　　　）ならないで冷静になってください。
5）健康のために（　　　　　　　　）運動をしている人が増えている。

2. 捕鯨についてどう思いますか。

1）次の文章の型に合わせて、自分の考えをそれぞれ書きましょう。
　① 意見：＿＿＿＿＿＿＿＿＿＿＿＿＿＿＿＿＿＿＿＿＿＿＿＿＿＿＿＿＿＿＿。
　② 理由：＿＿＿＿＿＿＿＿＿＿＿＿＿＿＿＿＿＿＿＿＿＿＿＿＿＿＿＿＿＿＿
　　　　　＿＿＿＿＿＿＿＿＿＿＿＿＿＿＿＿＿＿＿＿＿＿＿＿＿＿＿＿＿＿＿。
　③ 自分の意見と違う立場の意見：＿＿＿＿＿＿＿＿＿＿＿＿＿＿＿＿＿＿＿
　　　　　＿＿＿＿＿＿＿＿＿＿＿＿＿＿＿＿＿＿＿＿＿＿＿＿＿＿＿＿＿＿＿。
　④ ③の意見を否定する理由：＿＿＿＿＿＿＿＿＿＿＿＿＿＿＿＿＿＿＿＿＿
　　　　　＿＿＿＿＿＿＿＿＿＿＿＿＿＿＿＿＿＿＿＿＿＿＿＿＿＿＿＿＿＿＿。
　⑤ まとめ：＿＿＿＿＿＿＿＿＿＿＿＿＿＿＿＿＿＿＿＿＿＿＿＿＿＿＿＿＿。

2）1）で書いたことを、文章にまとめましょう。普通体で書きましょう。

話し合ってみよう

1. 話し合いのときに使う表現を練習しましょう。

1）自分の意見を主張するとき　　　　　　　　　（　　　　　）
2）賛成するとき　　　　　　　　　　　　　　　（　　　　　）
3）反対するとき　　　　　　　　　　　　　　　（　　　　　）
4）提案するとき　　　　　　　　　　　　　　　（　　　　　）
5）みんなの意見をまとめるとき　　　　　　　　（　　　　　）

> a．私もそう思います
> b．～ことにしましょう。
> c．私はそうは思いません。
> d．～たらどうでしょうか。
> e．～さんの意見に賛成です。
> f．～さんの意見に反対です。
> g．私はそうではないと思います。
> h．～べきだと思います。　～べきではないと思います。

2. グループに分かれて、司会者を決めて話し合いましょう。

1）司会者が発表者を決め、発表者は「書いてみよう」**2**の2）で書いた文章を発表しましょう。
2）発表についてグループ内で話し合い、司会者は意見をまとめてクラスのみんなに報告しましょう。

第9課

読むまえに

1. これは何の図でしょうか。

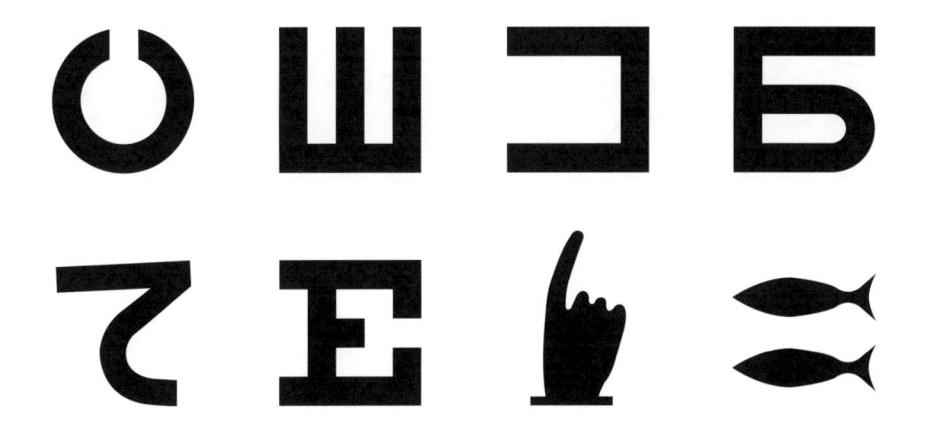

2. みなさんの国の視力検査について教えてください。

　1）いつ、どんなときに視力検査をしますか。
　2）検査にはどのようなものを使いますか。
　3）視力はどのように表しますか。
　4）みなさんの視力はどうですか。

本文　サルの視力検査

　サルだけでなく、一般に動物の知覚能力は、条件づけの学習を行って調べます。ここでは、有名なデバロアたちの実験を紹介しましょう。

　サルがのぞき穴から前を見ると、テレビのスクリーンが4台並んでいます。4台のうちの1台にはしまが示されていて、それ以外の三つのスクリーンにはすべて同じ灰色のパターンが示されています。サルの手もとには四つのキーがあり、それぞれのスクリーンに対応しています。四つのうちどのスクリーンにしまが出ているかということを、キーを押すことによって反応させる、というように訓練するのです。

　具体的に言いますと、正しいスイッチを押した場合にはジュースがもらえるようにして、サルを訓練します。普通、実験のまえには水を飲ませないので、サルはジュースをとても欲しがります。ですから、サルは一生懸命課題をやってくれます。

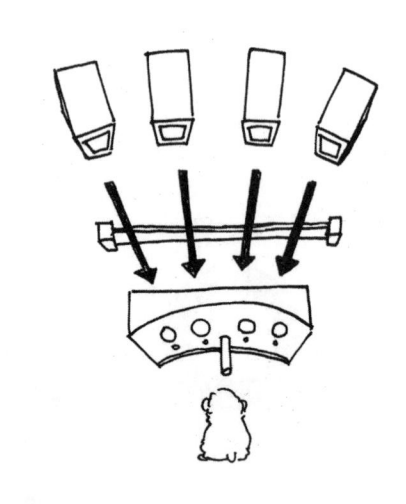

　しまが粗い場合にはサルは正しく反応するのですが、しまがだんだん細くなって視力に近づき、それ以上になると、もうでたらめに反応キーを押すようになります。こういう方法でサルの視力を測定することができるわけです。同じような方法で、さまざまな動物の視力や色覚の機能が調べられています。

　結論を言いますと、サルと人間の視力はだいたい同じなのです。また、人間は周りが暗くなってくると視力が低下しますが、サルも暗くなると人間と同じように視力が低下します。また、色の識別も、デバロアの実験と同じようなやり方で検査したところ、人間とサルの識別能力はほぼ一致していたということがわかっています。

乾敏郎（1993）『Q&Aでわかる脳と視覚』サイエンス社より

文章の型

サルの視力を調べるための実験の目的、方法、装置、準備、結果、結論を図にまとめましょう。＿＿に本文の適当な語句を入れてください。

【目的】サルの視力（動物の知覚能力）についての調査

【方法】＿＿＿＿＿＿＿＿＿＿＿＿　…　デバロアたちの実験

【装置】＿＿＿＿＿＿＿＿＿＿＿4台（1台：＿＿＿、3台：＿＿＿＿＿＿）
サルの手もと：＿＿＿＿＿＿＿＿＿＿：各スクリーンに対応

【準備】訓練

＿＿＿＿＿＿＿＿＿＿＿＿＿＿＿＿＿＿＿ということを、
＿＿＿＿＿＿＿＿＿＿＿＿＿＿ことによって反応させる

‖

＿＿＿＿＿＿＿＿＿＿＿＿＿＿　→　ジュースがもらえる

実験のまえには水を飲ませない
→　＿＿＿＿＿＿＿＿＿＿＿＿　→　一生懸命課題をやる

【結果】しまが＿＿＿＿＿＿　　　→　正しく反応
　　　しまが＿＿＿＿＿以上になる　→　でたらめに押す

【結論】サルと人間：
1) 視力は＿＿＿＿＿＿＿＿＿＿＿＿＿＿＿＿＿＿＿＿
2) 暗くなると＿＿＿＿＿＿＿＿＿＿＿＿＿＿＿＿＿
3) 色の識別能力も＿＿＿＿＿＿＿＿＿＿＿＿＿＿＿

Q＆A

1. 「条件づけの学習」の例は次のどれですか。

    a．手をたたくと魚が集まって来るようにする。
    b．決まった時間に寝るようにする。
    c．病気になったら病院へ行くようにする。
    d．雨が降ったら傘を持って行くようにする。

2. サルの視力を調べるデバロアたちの実験はどんな順序で行われましたか。
   (　　)に番号を入れて、順序を示してください。

    (　　) サルがのぞき穴からテレビの4台のスクリーンを見る。
    (　　) サルに水を飲ませないでおく。
    (　　) サルは4台のスクリーンからしまのあるスクリーンを探して、そのキーを押す。
    (　　) サルがでたらめにキーを押すようになるまで、しまを細くする。

3. この実験に関する次の文のうち、正しくないものを1つ選んでください。

    a．しまが粗いと、サルは正しく反応する。
    b．ジュースが欲しいから、サルは一生懸命課題をやる。
    c．正しいスイッチを押すと、サルはジュースがもらえる。
    d．実験のまえに水を飲ませるから、サルは一生懸命課題をやる。

4. この実験の結論として正しくないものを1つ選んでください。

    a．サルと人間の視力はほぼ同じである。
    b．人間は周りが暗くなってくると視力が下がるが、サルの視力は低下しない。
    c．人間とサルの色の識別能力はだいたい一致する。

Grammar Notes

1. 〜だけでなく、 not only ~, not just ~

```
V         ┐
い-adj     │ plain form                              ┐
な-adj     plain form（exception：〜だ→な）          │ だけでなく、
N          plain form（exception：〜だ）             ┘
```

Though the meaning of 〜だけでなく is "it's not only ~", it also has the function of linking the words or parts of a sentence that come before and after it.
As in (b) and (c) below, も is often used in the part that comes afterwards.

a. サル**だけでなく、**一般に動物の知覚能力は、条件づけの学習を行って調べます。
   The sensory capabilities of not just monkeys but animals in general are investigated through learning with conditioning.

b. あの人は英語**だけでなく、**スペイン語もよくできる。
   (あの人は英語だけではありません。スペイン語もよくできます)
   That person can not only speak English well but also Spanish.

c. あの店は品物がよい**だけでなく、**値段も安い。
   That shop's goods are not only good; they're also low-priced.

2. 〜というように used to explain the nature of something
   (cf. 〜というふうに in Lesson 10-2)

```
N          ┐
Plain form ┘ というように
```

Used when giving an example for explanation. As this includes という, which is used in quoting, it is used as a form which gives the quoted part or several nouns as examples. Sentence (a) below gives as an example the content of 訓練：キーを押すことによって反応させる by way of explanation. The sentence in (b) gives the problem of この論文 specifically as データが少ない、参考文献がない.

a. 四つのうちどのスクリーンにしまが出ているかということを、キーを押すことによって反応させる、**というように**訓練するのです。
   The training is on pressing a key in such a way as to produce a response when a stripe appears on one of four screens.

b. データが少ない、参考文献がない**というように**、この論文には問題がある。
   The problems with this research report are that it has little data and no references, etc.

It is much used in explanations in which something like an idiom is quoted.
c. 時は金なり**というように**、時間は大切だ。
   As in "time is money", time is important.

3．丁寧形＋と／たら／etc.、 polite form + と／たら／etc.、

The polite form may be used with subordinate clauses in a sentence such as those with 〜と, 〜たら and 〜とき. Politeness is adequately indicated if the end of the sentence is in the polite style but this used when one wants to speak or write in an even more polite way.

a. 具体的に**言いますと**、正しいスイッチを押した場合にはジュースがもらえるようにして、サルを訓練します。
   Specifically, monkeys are trained in pressing the right switch to get some fruit juice.
b. 事務所は、この階段を**上がりますと**、右の方にございます。
   If you go up these stairs, the office is to the right.
c. 何かご質問が**ありましたら**、どうぞ。
   If you have any questions, please ask.
d. お暇**でしたら**、どうぞお出かけください。
   When you're free, please come and see us.
e. 九州に**まいりましたときに**、久しぶりに鈴木先生にお会いしました。
   When I went to Kyushu, I met Doctor Suzuki for the first time in ages.

4．〜を欲しがる apt to want 〜

N＋を欲しがる

〜を欲しがる is an expression used to indicate that someone is constantly thinking that they want something. As it is used in relation to something that can be observed, a third person noun is used for the subject (word indicating subject).

a. 普通、実験のまえには水を飲ませないので、サルはジュース**をとても欲しがります**。
   Usually, the monkeys are not given water to drink before the experiment so they really want the fruit juice.
b. 子どもはおもちゃ**を欲しがります**。
   Children always want toys.

c．太郎くんはおもちゃを**欲しがって**います。
　　　Taro really wants toys.

When the speaker is expressing his/her own desire 欲しい is used. He/she would say, 私はカメラが欲しい.

The difference in meaning between 欲しがります and 欲しがっています stems from the difference between る／ます and ている／ています. Compare (b) and (c) above. る／ます indicates a general trend or nature. (b) indicates the general nature of children. On the other hand, as ている／ています indicates the continuation of the situation indicated by the verb, 欲しがっています in (c) expresses Taro's situation now or a temporary situation continuing for a while.

The following words (words in bold type in (d) and (e), (f) and (g) are related in the same way as 欲しい and 欲しがる.

　　d．私はアイスクリームが**食べたい**です。
　　　I want to eat ice cream.

　　e．加藤さんはアイスクリームを**食べたがって**います。
　　　Kato-san always wants to eat ice cream.

　　f．（私は）**寒い**です。
　　　I'm cold.

　　g．スコットさんは**寒がって**います。
　　　Scott feels the cold.

5．〜わけだ　used to express a conclusion or consequence

```
V       ⎫
い-adj   ⎬ plain form                              ⎫
な-adj   plain form（exception：〜だ→な）            ⎬ わけだ
N       plain form（exception：〜だ→の）            ⎭
```

Indicates the relationship between the part of the sentence including 〜わけだ and the part that comes before it. わけ indicates a logical development according to an objective context. In (a) below, わけ expresses the conclusion that サルの視力を測定することができる (A monkey's eyesight can be measured) is a consequence of the logical flow. (b) is an example of usage in which the speaker (or writer) gains the acceptance of the underlined part by the listener (reader).

　　a．こういう方法でサルの視力を測定することができる**わけです**。
　　　It means that, by this method, one can measure a monkey's eyesight.

　　b．みんな困っているから、あなたにお願いしている**わけです**よ。
　　　The reason we are asking you to help is because everyone is in trouble.

(c) is an example of giving an interpretation (君もおじさんになった so you are an uncle) from a different aspect of a certain piece of information (兄に女の子が生まれた my elder brother has had a baby girl). It is an expression of saying something in a different way.

   c．A： 兄に女の子が生まれたんですよ。
       B： へえ。君もおじさんになった**わけだ**。
       A： My elder brother has had a baby girl.
       B： Really. So it means you have become an uncle.

In (d), わけ indicates that after the speaker (writer) has stated a certain piece of information (このコーヒーはいつもと味が違う This coffee tastes different than usual) another piece of information (いつもより高い豆を買ったから It's because I bought more expensive beans than usual) is given, and that there is a causal relationship between the two pieces of information. In this sense it is often used with 道理で.

   d．A： あれ、このコーヒー、いつもと味が違いますね。
       B： いつもより高い豆を買いましたから。
       A： 道理でおいしい**わけだ**。
       A： Hey! This coffee tastes different than usual.
       B： It's because I bought more expensive beans than usual.
       A： No wonder it's good.

(e) is an example in which a speaker (writer) is given some information (600人の学生が試験を受けて60人合格した 600 students took the exam and 60 passed) and derives a natural consequence (10％しか合格しなかった only 10% passed) from it.

   e．600人の学生が試験を受けて60人合格した。ということは、10％しか合格しなかった**わけである**。
     Six hundred students took the exam and 60 passed. Thus, only 10% passed.

わけ can be used as a single noun as in どうして来なかったんですか。わけを話してください ("Why didn't you come? Give the reason."). But in this case it means reason.

6. 〜てくる　indicates change with time（cf. 〜てきた in Lesson 7-3）

Vて-form＋くる

Expresses a change with the passage of time. てくる indicates a change from the past toward the present. ていく indicates a change from the present toward to the future.

   a．人間は周りが暗くなっ**てくる**と視力が低下しますが、サルも暗くなると人間と同じように視力が低下します。
     The vision of humans deteriorates as it gets dark around them. The vision of monkeys also deteriorates when it gets dark.

b．昨日は38.5度もありましたが、薬を飲んでから、熱が下が**ってきました**。
Yesterday, I had a temperature of 38.5 degrees but after taking medicine my fever came down.

c．最近暖かくなっ**てきて**、家の前の庭にも虫が増え**てきました**。
It has got warm lately and the insects in the front garden have increased.

There are many ways of using 〜てくる. We have learned about its use to indicate change in the text here as well as about its use to indicate an action or event starting in the past and continuing to the present in Lesson 7-3. Examples of other usage include ① carrying out an action and returning to the starting point (飲み物を買ってくる go and buy a drink (and come back)); ② Action of approaching (子どもが走ってくる The child comes running up); ③ Appearance of a situation (音楽が聞こえてくる start to hear music).

練習

1．〜だけでなく、

例）あの人は、英語ができる。（スペイン語）
→ あの人は、英語だけでなく、スペイン語もできる 。

1）このレストランは、おいしい。（値段が安い）
→ _____。

2）この大学は、医学部が有名だ。（工学部）
→ _____。

3）今度の台風では、飛行機が飛ばなかった。（新幹線）
→ _____。

2．〜というように①

例） 百聞は一見にしかず というように、人からいろいろ聞くより、自分できちんと見た方がいい。

1）_____というように、そのことがどんなに上手な人でも、たまには失敗するんですよ。

2）_____というように、好きなことだと一生懸命やるから、必ず上手になるよ。

3）_____というように、専門のことはその専門の人が一番よく知っているから、任せたほうがいいですよ。

サルも木から落ちる	好きこそ物の上手なれ
百聞は一見にしかず	餅は餅屋

3．〜というように②

例）　<u>　ゾウ、キリン、コアラ、　</u>というように、この動物園には子どもに人気がある動物がたくさんいる。

1）＿＿＿＿＿＿＿＿＿＿＿＿＿＿＿＿＿＿＿＿＿＿というように、この空港には便利なサービスがたくさんある。

2）＿＿＿＿＿＿＿＿＿＿＿＿＿＿＿＿＿＿というように、入場料は曜日で異なる。

3）＿＿＿＿＿＿＿＿＿＿＿＿＿というように、あの人はいろいろなことができる。

4．丁寧形＋と／たら、

例）客：　　　　　　この遊園地は、平日も混んでいますか。

　　ツアーガイド：　いいえ、平日<u>　ですと、空いています　</u>。

1）客：　　　　　　ここから動物園までバスでどのくらいかかりますか。

　　ツアーガイド：　バスで＿＿＿＿＿＿＿＿＿＿＿＿＿＿＿＿＿＿＿＿＿＿。

2）客：　　　　　　すみません、調味料は、どこですか。

　　スーパーの店員：この通路を＿＿＿＿＿＿＿＿＿＿＿＿＿＿＿＿＿＿＿。

3）客：　　　　　　この薬は、傷口にたくさんつけたほうがいいですか。

　　薬局の人：　　　いいえ、＿＿＿＿＿＿＿＿＿＿＿＿＿＿＿＿＿＿＿＿。

4）お時間が＿＿＿＿＿＿＿＿＿、ここでコーヒーでもいかがですか。

5）同窓会にいらっしゃるそうですね。鈴木先生に＿＿＿＿＿＿＿＿＿、よろしくお伝えください。

5．〜を欲しがる・〜たがる

例）弟は毎日のようにサッカーボールが欲しいと言っています。
　　→　<u>　弟はサッカーボールを欲しがっています　</u>。

1）娘が新しい服を欲しいと言っています。
　　→　＿＿＿＿＿＿＿＿＿＿＿＿＿＿＿＿＿＿＿＿＿＿＿＿＿＿＿＿＿＿＿。

2）友達は会うたびに、車を買いたいと言っています。
　　→　＿＿＿＿＿＿＿＿＿＿＿＿＿＿＿＿＿＿＿＿＿＿＿＿＿＿＿＿＿＿＿。

3）スミスさんはいつも国へ帰りたいと言っています。

　　→_____。

4）ブラウンさんは、サッカーチームに入りたいと言っています。

　　→_____。

6．～わけだ①

例) A： このキムチは、母が韓国から送ってくれたんです。（おいしいです）

　　B： ＿＿だから、おいしいわけですね＿＿。

1) A： 来月、入学試験があるんです。（毎日大変です）

　　B： _____。

2) A： ジョンさんは今国へ帰っているらしいよ。（授業に来ません）

　　B： _____。

3) A： 田中さんは、来週大阪へ転勤するそうだよ。（忙しいです）

　　B： _____。

7．～わけだ②

例) 今朝、財布に1万円入れたのに、今、500円しかない。

　　つまり、＿＿9,500円も使ってしまった＿＿わけだ。

1) 明日は山田さんご夫妻と鈴木さんもいらっしゃるのですか。

　　じゃ、パーティーの参加者は最初の予定より_____わけですね。

2) プレゼントを100個用意して9個あまった。

　　つまり、昨日のパーティーには_____わけだ。

3) 今日、体重を量ったら80キロだった。

　　先週77キロだったから、1週間で_____わけだ。

8．〜てくる

例）3月に入って、　暖かくなってきましたね　。

1）バスが山道を上っているとき、右へ、左へと曲がるので、＿＿＿＿＿＿＿＿＿＿＿。
2）以前、車は若者のあこがれでしたが、最近は、車を欲しがらない若者が
　　＿＿＿＿＿＿＿＿＿＿＿＿＿＿＿＿そうです。
3）ビーフステーキのことを「ビフテキ」とも言いますが、最近このことばは、
　　＿＿＿＿＿＿＿＿＿＿＿＿＿＿＿。
4）この川は以前はとても汚れていましたが、町の人たちの努力で、きれいな川に
　　＿＿＿＿＿＿＿＿＿＿＿＿＿。

暖かい　増える　使われない　変わる　気持ちが悪い

9．〜だけでなく・〜によって・〜というように・〜ところ

普通、ヘビなどの爬虫類は子育てをしない。しかし、科学者たちが調査した（　　　　）、同じ爬虫類のワニは、巣を守る、子どもが生まれたら水辺へ運ぶ、敵から子どもを守る、（　　　　）子育てをすることがわかったそうだ。ワニは怖い動物と思い込んでいる人が多いが、ワニの子育てを知ること（　　　　）ワニが好きになる人もいるらしい。ワニは水辺の王様である（　　　　）、優しい母親でもあるのだ。

だけでなく　によって　というように　ところ

ことばのネットワーク

1. a～dから最も適当なことばを選んで、（　）にその記号を書きましょう。

例）このごろ（　c　）が低下して、メガネが必要になってきた。
  a．能力 b．体力 c．視力 d．知力

1）新しい薬を開発するために、動物を使っていろいろな（　　）をしている。
  a．受験 b．実験 c．経験 d．体験

2）会議では意見が分かれて、最後まで（　　）が出なかった。
  a．結論 b．議論 c．理論 d．討論

3）海外を旅行するとき、空港で荷物の（　　）がある。
  a．観測 b．研究 c．調査 d．検査

4）このカメラには便利な（　　）がついているので、きれいに写真が撮れる。
  a．機能 b．技能 c．知能 d．能力

5）説明がわかりにくいので、もっと（　　）に説明してください。
  a．全体的 b．規則的 c．具体的 d．抽象的

2. （　）に適当な助詞を書きましょう。そして、☐からことばを選んで、適当な形に変えて＿＿に書きましょう。

例）タクシー乗り場に人（ が ）大勢＿並んで＿いる。

1）風や雨が強くなってきた。台風（　　）＿＿＿＿＿いるようだ。
2）国際会議ではすべての国の意見（　　）＿＿＿＿＿ことは珍しい。
3）望遠鏡（　　）＿＿＿＿＿と、星がはっきり見える。
4）火事が起きた場合を想定して、消火器の使い方（　　）＿＿＿＿＿おく。
5）1,974万、この数字は昨年日本を訪れた外国人旅行者の数（　　）＿＿＿＿＿いる。

一致する　　示す　　訓練する　　近づく　　のぞく　　並ぶ

3. 下線を引いたことばとだいたい同じ意味になることばを ▢ から選びましょう。

例) この大学ではたくさんの留学生が学んでいる。　　　　（　多くの　）

1) 動物園にはいろいろな動物がいる。　　　　　　　　　　（　　　　）
2) 問題は全部解決した。　　　　　　　　　　　　　　　　（　　　　）
3) 電車の中では忘れないように荷物をそばに置く。　　　　（　　　　）
4) 会議の準備はだいたい終わった。　　　　　　　　　　　（　　　　）
5) 答えがわからないので、わからないままに○をつけた。　（　　　　）

```
ほぼ　　すべて　　手もとに　　でたらめに　　多くの　　さまざまな
```

4. ＿＿の部分とだいたい同じ意味になるものを①～③から選びましょう。

1) 動物にどの程度の知覚能力があるかを調べる。
   ① どのくらい視力があるか
   ② どのくらい理解する力があるか
   ③ どのくらい記憶する力があるか

2) サルなどの動物は食べ物を使って条件づけの学習をすると、一生懸命にやる。
   ① できるだけ好きなようにさせておく
   ② 決まった時間に同じことをさせる
   ③ ほうびや罰で、ある行動をするように訓練する

3) 人間とサルの識別能力はほぼ一致している。
   ① 考える力はだいたい同じだ
   ② ものを見分ける力はだいたい同じだ
   ③ ことばを理解する力はだいたい同じだ

書いてみよう

1. 次のことばを練習しましょう。必要なら、正しい形に変えてください。

| 明らかにする | 記録する | 検討する | 設置する |
| 設定する | 測定する | 立てる | 分析する |

1) 新しいパソコンのパスワードを（　　　　　）。
2) この川では魚が全然捕れなくなった。原因がわからないので、仮説を（　　　　　）調査を始めた。
3) 「どうすべきか」を考えるまえに、「何が原因か」を（　　　　　）なければならない。
4) アパートの部屋を借りるときは、すぐ決めずに、よく（　　　　　）ほうがいい。
5) この建物の入り口には防犯カメラが（　　　　　）あります。
6) メガネ屋で視力を（　　　　　）もらってから、メガネを買った。
7) この本には100年前の子どもたちの遊びの様子が（　　　　　）あり、とてもおもしろい。
8) 日本のアニメの特徴を調べるために、まずテレビのアニメ番組を（　　　　　）なければならない。

2. 知っている、またはしたことがある実験について書いてみましょう。

1) その実験の目的、方法、結果、結論を説明するために、必要なことばを下の表に書いてみましょう。

目的：	
方法	使う道具や装置： やり方：
結果：	
結論：	

2) 1) で書いたことを、普通体で文章にまとめましょう。

話し合ってみよう

1. 発表するときに使う表現を練習しましょう。

    1）発表を始めるとき：

    （　自分の名前　）です。

    これから、（　発表するテーマ　）について発表します。

待ち時間の調査　　捕鯨　　妖怪ブーム　　サルの視力検査

    2）発表を終えるとき：

    以上です。何か質問や意見はありませんか。
    　　　⋮
    これで発表を終わります。ありがとうございました。

2. 発表がわかりにくいときに使う表現を練習しましょう。必要なら、正しい形に変えてください。

    1）ことばの意味がわからないとき

    A：（　　　　　）って何ですか。

    B：（　　　　　）というのは、＿＿＿＿＿という意味／ことです。

条件づけの学習　　識別能力　　想定外　　模倣する

    2）説明がわかりにくいとき

    あのう、○○について、もう少し（　　　　　　）説明してください。

わかりやすい　　具体的な　　例を挙げる

3. グループに分かれて話し合いましょう。

1）「書いてみよう」**2**の２）で書いた文章を発表しましょう。発表するときは**1**の表現を使ってください。わかりにくい道具や装置は、写真か絵を見せながら説明しましょう。

2）発表を聞いた人は、わかりにくいところがあったら、**2**の表現を使って質問しましょう。

あっ、これなに？3

これは、思いやりのタオル。

逃げタオル運動。

これは福岡県大野城市で発案された、地震や台風などの災害時に避難する際、玄関やポストなど目立つところにタオルをかけて避難することで、ひと目で避難したことを知らせることができ、捜索や救助をする人たちが無駄な捜索活動をしないで済む。逆に、避難途中にタオルがかかっていない家には大丈夫ですか！と声かけてあげる。気にかけあって、声かけあって。

日ごろ忘れていませんか、大切なこと。

企業のCSR活動
AC JAPAN

公益財団法人ACジャパン「逃げタオル運動」

第 10 課

読むまえに

1. 次の2つの絵を比べて、気がついたことを話し合ってみましょう。

（6歳の子どもの絵）

2. 次の絵を見て感じたことを話し合ってみましょう。

本文　子どもの絵

　リュケというフランス人の書いた『子どもの絵』という本は1920年代に書かれたずいぶん古い書物ですが、この方面の古典的なものとして評価されている本です。これを見ますと、子どもの絵についていろいろ面白いことが書いてあります。一般的には子どもの絵の場合も、大人の絵に対して、不完全な絵というふうに考えがちです。たとえば、次の絵を見てみましょう。

　まるで、木が道の両側に倒れて、台風のあとみたいに見えます。砂場のなかは、子どもがみな倒れて、寝ころがっているみたいです。だからこの絵は非常に不完全だと思うというわけです。ところがそれは、大人の見方から見ているわけで、子どもは子どもなりに、ある種の描き方の論理があるのではないかというのです。つまり、大人にとって、絵を描くときにいちばん重要なことは、視覚、つまり目で見て、どう見えるかということです。それでいちばん典型的には、自分の視点をある所に決めて、そして遠くのものは小さく、近くのものは大きく、見えないものは描かないようにする。そういうふうに、視覚中心で描くということを覚えているわけです。

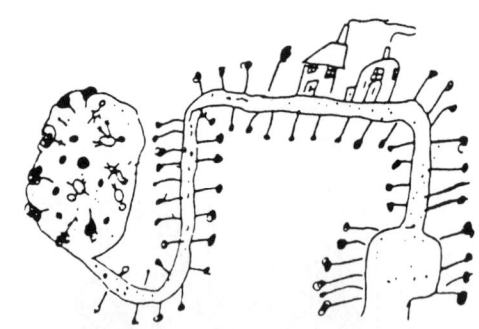

雪合戦をしている子どもたち（9歳の子どもの作品）
G. H. リュケ『子どもの絵』須加哲夫　監訳、金子書房より

　それに対して、また別な絵の描き方がありうるわけで、つまり、目に「見える」ものを描くのではなくて、そのものについて自分の「知っている」ことを描くという描き方です。たとえば、ピカソなどの絵を見ますと、女の人の顔の見えないはずの向こうの部分が正面にくっついていて、何か非常に奇妙な形で描かれていることがあります。本当は向こう側は見えないはずですけれど、実際にあるということは確実ですから、それも描く。つまり、目に「見える」ものが描かれているのではなく、あるということを「知っている」ことが描かれているわけです。

　子どもの場合は、こういう傾向が非常に強いということです。たとえば、子どもが、自動車の絵などを描く場合、こちらから見ると、本当なら二つしか見えない車輪を四つ描いてみせる。どうしてかというと、「車輪は四つあるもの」というわけです。

池上嘉彦（1987）『ふしぎなことば　ことばのふしぎ』筑摩書房より

文章の型

空いている所に適当な語句を入れましょう。

```
リュケの本    1920年代の作品
(        )の絵について書いてある
```

一般的に（　　　）の絵は｛　　　｝の絵に対して＿＿＿＿絵である

たとえば
「雪合戦をしている子どもたち」の絵
木が＿＿＿＿＿＿＿＿＿＿＿＿＿＿＿＿＿＿＿＿＿みたい
子どもたちが＿＿＿＿＿＿＿＿＿＿＿＿＿＿＿みたい

ところが

それは｛　　　｝の見方

⇔

（　　　）は（　　　）なりに、描き方の論理がある。

つまり

｛　　　｝にとって、絵を描くときにいちばん重要なこと

視覚＝＿＿＿＿＿＿＿ということ

自分の視点をある所に決め、
　遠くのもの：＿＿＿＿＿＿＿
　近くのもの：＿＿＿＿＿＿＿
　見えないもの：＿＿＿＿＿＿

それに対して ⇔ 別な絵の描き方

つまり

＿＿＿＿＿＿＿を描くのではなくて
＿＿＿＿＿＿＿ことを描く

たとえば

ピカソの絵：
女の人の顔が非常に＿＿＿＿＿で描かれている

（　　　）の場合は、こういう傾向が強い。

たとえば

自動車の絵：
＿＿＿＿＿＿＿＿＿＿＿描く

10

145

Q & A

1. 『子どもの絵』はいつ、だれによって書かれましたか。

　　_____。

2. 『子どもの絵』はどんな本ですか。正しいものを１つ選んでください。

　　a．子どもの絵がいろいろ描いてある本
　　b．子どもの絵について書かれた古典的な本
　　c．子どもが台風のあとの様子を描いた本
　　d．子どもが上手に絵が描けるように書かれた本

3. 大人の絵について書いてあるものにはA、子どもの絵について書いてあるものにはBを記入してください。

　　１）目に見えなくても知っていることが描いてある　　　　　　　（　　）
　　２）遠くにあるものは小さく、近くにあるものは大きく描かれている　（　　）
　　３）奇妙に描かれている　　　　　　　　　　　　　　　　　　　（　　）
　　４）目で見て、どう見えるかが描かれている　　　　　　　　　　（　　）

4. ピカソが描いた女の人の顔の絵は、大人の絵と子どもの絵のどちらの描き方に近いと筆者は言っていますか。それはなぜですか。

　　_____
　　_____

5. 筆者がこの文章で言いたいことは何ですか。違うものを１つ選んでください。

　　a．絵の描き方にはいろいろな論理がある。
　　b．子どもの絵は不完全である。
　　c．大人の描き方を基準にして子どもの絵を評価すべきではない。
　　d．絵の描き方の一つとして、子どもの絵やピカソの絵がある。

Grammar Notes

1. 主格の「の」　Nominativeの

In an attributive modification clause like 私が読んだ本 (The book I read) the nominative が can be changed to の as in 私の読んだ本 (The book I read).

   a．フランス人**の**書いた『子どもの絵』という本は1920年代に書かれたずいぶん古い書物です。
      "Children's Drawings" is a very old book written by a French author in the 1920s.

   b．母**が**作った料理はおいしい。
      →母**の**作った料理はおいしい。
      The food my mother cooked is delicious.

   c．あなた**が**言っていることはおかしいです。
      →あなた**の**言っていることはおかしいです。
      What you are saying is odd.

2. ～というふうに　used to elaborate on something or explain it further
      (cf. ～というように in Lesson 9-2)

This is used in giving examples using quoted or explanatory text and appears more in spoken language than in written language. The meaning and usage are largely the same as those of ～というように.

   a．一般的には子どもの絵の場合も、大人の絵に対して、不完全な絵**というふうに**考えがちです。
      There is a general tendency to think that children's drawings are incomplete with respect to adults' drawings.

   b．あのご夫婦は二人で散歩する、買い物に行く**というふうに**一緒のときが多いです。
      (あのご夫婦は二人で散歩する、買い物に行く**というように**一緒のときが多いです。)
      That couple do things like going for walks and going shopping, and in that way, are often together.

However, it cannot be used to quote proverbs or sayings or give them as examples. It is natural to use というように.

   c．時は金なり**というように**時間は大切です。
      As said in "time is money", time is important.
      (×時は金なり**というふうに**時間は大切です。)

3. 〜がちだ　tend to 〜

Vます-form ＋がちだ

It means "often do 〜" or "tend to do 〜". 〜がち is generally used when the tendency is to do something that is not desirable.

- a. 一般的には子どもの絵の場合も、大人の絵に対して、不完全な絵というふうに考え**がちです**。
  There is a general tendency to think that children's drawings are incomplete with respect to adults' drawings.
- b. この時計は遅れ**がちです**。This clock is often slow.
- c. あの人は最近会社を休み**がちです**。He/she has tended to take time off work lately.

It can also be added to nouns to express the meaning that such an undesirable situation often occurs.

- d. 父は70歳を過ぎて、最近は病気**がちだ**。
  Now that he's over 70, my father is often ill these days.
- e. 梅雨が近づいて、曇り**がち**の日が続いている。
  With the rainy season approaching, cloudy days continue.

4. ところが　(conjunction)　however

ところが is used in the case of a result or situation contrary to what was initially predicted (or expected). しかし, another contradictory conjunction, has wide usage and many meanings, and it is followed by expressions indicating an order, request, intention, question or judgment of a speaker as a consequence. ところが, however, cannot be used with such expressions.

- a. だからこの絵は非常に不完全だと思うというわけです。**ところが**それは、大人の見方から見ているわけで、子どもは子どもなりに、ある種の描き方の論理があるのではないかというのです。
  So it's a case of thinking that such a picture is very incomplete. However, that is looking at it from an adult's perspective. The thing is that children draw in a childlike way and maybe there's a logic to it.
- b. 飛行機は8時に出発するはずでした。**ところが**、9時になっても出発しませんでした。
  The plane should have left at 8 o'clock. However, at 9 o'clock, it still had not left.
- c. この携帯電話は水に濡れても壊れません。×**ところが**、海では使わないでください。
- d. この携帯電話は水に濡れても壊れません。○**しかし**、海では使わないでください。
  This cellphone will not malfunction even if it gets wet. But don't use it in the sea.

5. 〜なりに in the manner/way of 〜

N　なりに

N1　なりの　N2

Expresses that something corresponds/is suited to a particular status or standpoint. It is used when speaking in a positive way, having accepted someone's limitations or faults. As in examples (a) and (b) below, it is much used while repeating the same words.

a．ところがそれは、大人の見方から見ているわけで、子どもは子ども**なりに**、ある種の描き方の論理があるのではないかというのです。
However, that is looking at it from an adult's perspective. The thing is that children draw in a childlike way and maybe there's a logic to it.

b．息子は息子**なりに**将来のことを一生懸命考えている。
My son is earnestly thinking about the future in his own particular way.

c．教えてくれる人がいなかったので、私**なりの**やり方で日本料理を作ってみました。
As there was no one there to instruct me, I tried making Japanese food in my own way.

6. 〜のではないか Isn't it probably so that 〜?
(cf. 〜のではないでしょうか in Lesson 7-10)

V　　　 ⎫
い-adj ⎬ plain form
　　　　⎭
                                  ⎫ のではないか
な-adj ⎫   ⎬
N　　　⎬ plain form（exception：〜だ→な）⎭

Expresses uncertainty in the judgment of the speaker. As a response is not being sought from the listener, intonation falls at the end of the sentence. Though the meaning and usage are virtually the same as for 〜のではないでしょうか that we learned in Lesson 7-10, it can also be used in sentences as 〜のではないかと思う (I think it may be 〜) or のではないかと言われている (it is said that it could be 〜).

a．ところがそれは、大人の見方から見ているわけで、子どもは子どもなりに、ある種の描き方の論理がある**のではないか**というのです。
However, that is looking at it from an adult's perspective. The thing is that children draw in a childlike way and maybe there's a logic to it.

149

b．インターネットで本を買う人が増えている。これから本屋は減っていく**のではないか**。
The number of people buying books on the Internet is increasing. So maybe there'll be a decrease in the number of bookshops.

c．給料が高くても危険な仕事をしたい人は少ない**のではないか**と思う。
Even if the salary is higher, I don't think many people would want to do dangerous work.

The expression 〜んじゃないか is used in casual conversation.

d．約束の時間を30分も過ぎた。田中さんはもう来ない**んじゃないか**。
It's already 30 minutes past the meeting time. Perhaps Tanaka-san won't come.

7．〜うる　be possible

Vます-form ＋うる

Expresses the meaning that there is a possibility or that something can be done. It is much used in formal written language. However usage is limited to certain verbs, for example ありうる, 考えうる, 起こりうる. Another form of 〜うる is 〜える but the only negative form is 〜えない.

a．それに対して、また別な絵の描き方があり**うる**わけで、つまり、目に「見える」ものを描くのではなくて、そのものについて自分の「知っている」ことを描くという描き方です。
On the other hand, there could be another way of drawing, which would be not drawing what you can see with your eyes but drawing what you know about that object.

b．事故はどんなに注意していても起こり**うる**。
Accidents can occur however much you take precautions.

c．彼らが優勝したのは、苦しい練習にも耐え**うる**強い気持ちがあったからだ。
The reason why they won was their strong resolve that allowed them to stand the hard practice.

d．どんなに医学が発達しても、人が200歳まで生きることはあり**えない**だろう。
No matter how much medicine advances, people won't be able to live to 200.

8．〜ではなくて　not ~ but (another thing)

V　　　　　　　　　　　　　　　　　}
い-adj }　plain form ＋の　　　　　　 }
な-adj　plain form（exception：〜だ→な）＋の　} ではなくて
N　　　plain form（exception：〜だ）　　}

150

Used to emphasize something that comes afterwards by speaking in the affirmative about it, while making what went before negative.

a. それに対して、また別な絵の描き方がありうるわけで、つまり、目に「見える」ものを描く**ではなくて**、そのものについて自分の「知っている」ことを描くという描き方です。
However, there could be another way of drawing, which would be not drawing what you can see with your eyes but drawing what you know about that object.

b. 病院のカーテンは白**ではなくて**、ピンクがよい。心が明るくなるから。
Hospital curtains should be pink not white, because it makes people feel happier.

c. レポートは英語で書くの**ではなくて**、日本語で書いてください。
Write the report in Japanese, not English.

The shortened expression of (の)ではなくて is (ん)じゃなくて.

d. 歌が嫌いな**んじゃなくて**、下手なんです。
It's not that I don't like singing; I'm not good at singing.

9. ～ということだ　It's a case of ~, Thus ~

Plain form ＋ということだ

An expression much used to in saying the main points or conclusion. It is often used with つまり.

a. 子どもの場合は、こういう傾向が非常に強い**ということです**。
For children, it's the case that there is a very strong tendency toward this.

b. 相手は去年の優勝チームだが、メンバーの3人が次の試合には出られない。つまり、わたしたちにも勝てるチャンスがある**ということだ**。
While our opponents are the team that won last year, 3 of its members will not be able to play in the match. This means that we have a chance of winning.

c. 日本の小学校では約1,000の漢字を6年間で習います。つまり、漢字を覚えるには時間がかかる**ということです**。
At elementary schools in Japan, students learn around 1,000 Chinese characters in 6 years. Thus, it takes a long time to learn Chinese characters.

～ということだ can also be used to convey what someone said. In this case it can be changed to ～とのことだ.

d. 田中さんから電話があって、30分ほど遅れる{**ということです／とのことです**}。
Tanaka-san phoned and said that he/she would be 30 minutes late.

練習

1. 〜というふうに

例）漢字の十は　左から右へそして上から下へ　というふうに書きます。

1) ＿＿＿＿＿＿＿＿＿＿＿＿＿＿＿＿＿＿というふうに健康に気をつけています。
2) この学校には＿＿＿＿＿＿＿＿＿＿＿＿＿＿＿＿＿＿というふうにさまざまなルールがあります。
3) このドアは古いので、押す、＿＿＿＿＿というふうにいろいろやってみないと開かないんですよ。
4) 子どもに長時間ゲームをさせないためには、＿＿＿＿＿＿＿＿＿＿＿＿＿というふうに子どもに約束させるとよい。

2. 〜がちだ

例）この時計は　遅れ　がちです。昨日直したのに、もう3分も遅れています。

1) 雨の日は電車に傘を＿＿＿＿がちです。気をつけましょう。
2) ゲームをしていると睡眠不足に＿＿＿＿がちなので、時間を決めてやりましょう。
3) 息子は、よく風邪を引くし、＿＿＿＿がちで心配なのですが、毎日頑張って学校に行っています。

3. 〜なりに

例）大人とは違う考え方だが、　子ども　は　子ども　なりに考えている。

1) アドバイスしていただき、感謝しています。でも、＿＿＿＿は＿＿＿＿なりの方法でやってみます。
2) 都会での生活はたしかに便利ですが、＿＿＿＿は＿＿＿＿なりに、自然に囲まれて楽しい生活ができます。
3) お金がないのも困りますが、＿＿＿＿は＿＿＿＿なりの苦労があると思います。

4．～のではないか

例）悩みもストレスもまったくない人は、この世の中に一人も ___いない___ のではないか。

1）田中さんはこの問題について調べていたので、詳しいことを＿＿＿＿＿＿＿のではないか。

2）台風が近づいているので、授業は＿＿＿＿＿＿＿のではないかと思う。

3）景気がよくないので、卒業しても＿＿＿＿＿＿＿のではないかと学生たちは心配している。

5．～うる

例）夏休みを1か月も取る人がいるそうだ。私の会社では（ あり ）えないことだ。

1）日本では地震はいつでも（　　　　）うるということを忘れてはいけない。
2）先生への感謝の気持ちはことばでは（　　　　）えません。
3）チェスは、人間が（　　　　）うる最もおもしろいゲームの一つです。

ある　表す　考える　起こる

6．～ではなくて

例）クジラは魚類ではありません。（哺乳類）
　→ ___クジラは魚類ではなくて、哺乳類です___ 。

1）薬の飲み方の「食後30分」は「30分後」のことではありません。（30分以内）
　→＿＿＿＿＿＿＿＿＿＿＿＿＿＿＿＿＿。

2）日本人の好きなカレーライスはインドから来たのではありません。（イギリス）
　→＿＿＿＿＿＿＿＿＿＿＿＿＿＿＿＿＿。

3）成田国際空港は、東京にはありません。（千葉県）
　→＿＿＿＿＿＿＿＿＿＿＿＿＿＿＿＿＿。

7．〜ということだ

例） A： この会社は金・土・日が休みです。

　　 B： つまり、__週休3日__ということですね。

1） A： 彼は、私の父の兄の息子です。

　　 B： つまり、_____ということですね。

2） A： アルバイト代は、時給1,000円です。勤務時間は17時から20時までです。

　　 B： では、_____ということですね。

3） A： 日本では虹は7色です。しかし、アメリカでは6色、ドイツでは5色、アフリカでは4色などと言われています。

　　 B： なるほど。_____ということですね。

ことばのネットワーク

1. 下線を引いたことばとだいたい同じ意味になることばを☐から選びましょう。

例）子どもは大人とは<u>別な</u>見方で絵を描く。　　　　（　異なる　）

1）<u>重要な</u>書類は銀行に預けてある。　　　　　　　（　　　　　）
2）ピカソは<u>奇妙な</u>顔をした女性を多く描いている。（　　　　　）
3）選挙で当選が<u>確実</u>になった。　　　　　　　　　（　　　　　）
4）東京駅は日本の近代建築の<u>典型的な</u>建物だ。　　（　　　　　）
5）この着物は柄が<u>古典的</u>で美しい。　　　　　　　（　　　　　）

確かに　異なる　古い時代を感じる　特徴をよく表す　大切な　変な

2. 「〜ではない」という否定の意味を表す漢字に「不」「非」「無」「未」があります。
下のことばはどれを使いますか。（　）に書きましょう。

例）（ 不)	規則	完全	自由
1）（　）	常識	公開	科学的
2）（　）	関心	試験	責任
3）（　）	都合	安定	適当
4）（　）	完成	成年	開発

10

3. （　）に適当な助詞を書きましょう。そして、□からことばを選んで、＿＿に書きましょう。

例）壁に子どもの絵（ が ）＿貼って＿あります。

1）強い風で木（　　）＿＿＿＿＿しまいました。
2）夕食が済むと、父はいつもソファー（　　）＿＿＿＿＿テレビを見ています。
3）まだ夏休みの予定（　　）＿＿＿＿＿いません。
4）この絵にはモネが晩年住んでいた家の池の様子（　　）＿＿＿＿＿いる。
5）ガムが靴の底（　　）＿＿＿＿＿なかなか取れない。

| 描かれて　寝ころがって　くっついて　貼って　倒れて　決めて |

4. （　）に入ることばを□から選びましょう。

例）東京の神田に行くと、古い（ 書物 ）を売っている書店がたくさんある。

1）結婚する年齢が男性も女性も高くなる（　　　）がある。
2）論文では、研究テーマを（　　　）的、実証的にまとめなければならない。
3）最近は女性の（　　　）から生まれた商品が多く売られている。
4）ホテルに泊まるとき、インターネットで（　　　）の高いホテルを選ぶ。
5）音楽のことなら彼に聞いたほうがよい。その（　　　）に詳しいから。

| 評価　書物　傾向　視点　方面　論理 |

書いてみよう

1. 次のことばを練習しましょう。必要なら、正しい形に変えてください。

明るい	暗い	現代的な	伝統的な
生き生きする	落ち着く	リアルな	誇張する

1) 田中さんはいつも黒や茶色の（　　　　　）色の服を着ているが、赤や黄色の（　　　　　）色も似合うと思う。
2) この小説は、自然災害で苦しむ人々の生活を（　　　　　）描いている。
3) 日本に行ったら、東京スカイツリーのような（　　　　　）建物よりも、お寺や神社のような（　　　　　）建物を見てみたい。
4) 私はにぎやかな店より静かで（　　　　　）雰囲気の店で食事をするのが好きだ。
5) 山川さんはよく（　　　　　）話すから、話の半分は嘘だと思ったほうがいいよ。
6) 1か月ぶりに雨が降って、庭の草や木が（　　　　　）きた。

2. AとBの絵を比べましょう。

1) それぞれの絵の特徴と例を下の表に書き入れましょう。

〈A〉　　　　　　　　　　　　　〈B〉

Aの絵		Bの絵	
特徴	例	特徴	例
例）暗い ・ ・	動きがない	例）明るい ・ ・	楽しそうにキャンプしている

157

2）AとBの絵について、次の文章の流れにそって、普通体で書きましょう。

```
┌─────────────────────────────────┐
│   A、Bの絵の共通点を簡単にまとめる   │
└─────────────────────────────────┘
                ⬇
┌─────────────────────────────────┐
│      Aの特徴と例をまとめる         │
└─────────────────────────────────┘
                ⬇
┌─────────────────────────────────┐
│      Bの特徴と例をまとめる         │
└─────────────────────────────────┘
                ⬇
┌─────────────────────────────────┐
│  自分が好きな絵はどちらか、その理由も書く │
│              まとめ               │
└─────────────────────────────────┘
```

話し合ってみよう

1. 感想を述べる表現を練習しましょう。（　　）の中のことばを正しい形に変えて、＿＿に文を書いてください。

   1）満足を表す

   A： 先週のスピーチ大会、どうでした。
   B： おかげさまで、優勝しました。＿＿＿＿＿＿＿＿＿＿＿＿＿＿＿＿。

   例）（1位になる・よかったです）　→　　1位になれて、よかったです　。

   ①（本番でうまく話せる・自分でもびっくりしています）

   →＿＿＿＿＿＿＿＿＿＿＿＿＿＿＿＿＿＿＿＿＿＿＿＿＿＿＿＿＿＿＿＿＿＿。

   ②（緊張せずにできる・満足しています）

   →＿＿＿＿＿＿＿＿＿＿＿＿＿＿＿＿＿＿＿＿＿＿＿＿＿＿＿＿＿＿＿＿＿＿。

   2）不満を表す

   A： 昨日の発表、どうでしたか。
   B： う〜ん。＿＿＿＿＿＿＿＿＿＿＿＿＿＿＿＿＿＿。

   例）（話の内容を忘れてしまう・残念です）
   →　話の内容を忘れてしまって、残念です　。

   ①（マイクが途中で故障してしまう・残念です）

   →＿＿＿＿＿＿＿＿＿＿＿＿＿＿＿＿＿＿＿＿＿＿＿＿＿＿＿＿＿＿＿＿＿＿。

   ②（聞きながらおしゃべりする人がいる・がっかりしました）

   →＿＿＿＿＿＿＿＿＿＿＿＿＿＿＿＿＿＿＿＿＿＿＿＿＿＿＿＿＿＿＿＿＿＿。

3）後悔を表す

　　A： Y大学の入学試験、どうでした。

　　B： あー。＿＿＿＿＿＿＿＿＿＿＿＿＿＿＿＿＿。

　例）（Z大学を受ける・〜ばよかったです）、Y大学は難しすぎました。
　　→　Z大学を受ければよかったです。Y大学は難しすぎました　。

　①（秋に受けない・〜ばよかったです）、夏からの勉強では間に合いませんでした。
　　→＿＿＿＿＿＿＿＿＿＿＿＿＿＿＿＿＿＿＿＿＿＿＿＿＿＿＿＿＿＿＿＿＿＿。

　②（過去に出た問題をもっと勉強する・〜ておけばよかったです）、同じような問題がたくさん出ました。
　　→＿＿＿＿＿＿＿＿＿＿＿＿＿＿＿＿＿＿＿＿＿＿＿＿＿＿＿＿＿＿＿＿＿＿。

2. グループに分かれて、司会者を決めて話し合いましょう。

　1）「書いてみよう」2の2）で書いた文章を発表しましょう。
　2）司会者は、グループでどちらの絵が好きな人が多かったか、その理由も一緒に、クラスのみんなに報告しましょう。

3. この教科書で日本語を勉強して、自分の日本語は以前と比べてどうなったと思いますか。今の日本語力に満足していますか。それはなぜですか。1で練習したことばを使って、話してみましょう。

Memo

語彙索引

(読)：読むまえに
(本)：本文
(文)：文章の型
(Q)：Q&A
(G)：Grammar Notes
(練)：練習
(こ)：ことばのネットワーク
(書)：書いてみよう
(話)：話し合ってみよう

あ	課	パート
愛犬	4	(本)
あいだ	7	(本)
上がる	9	(G)
明るい	1	(話)
明らかにする	9	(書)
飽きる	6	(本)
空く	3	(文)
あくび	7	(練)
あげる	7	(本)
挙げる	8	(練)
あこがれ	9	(練)
朝夕	5	(こ)
アジア	4	(本)
預ける	10	(こ)
汗を流す	4	(こ)
与える	6	(本)
当たり前	4	(本)
当たる	6	(こ)
アドバイスする	10	(練)
油	8	(本)
あまりにも	7	(本)
あまる	9	(練)
謝る	1	(練)
粗い	9	(本)
表す	1	(こ)
現れる	6	(こ)

	課	パート
あるいは	6	(本)
ある種の	10	(本)
ある程度	5	(本)
合わせる	6	(本)
アンケート	5	(こ)
アンケート用紙	7	(練)
安定する	8	(練)

い	課	パート
衣・食・住	6	(こ)
以下	5	(本)
〜以外	9	(本)
医学部	9	(練)
怒り	7	(G)
生き生きする	10	(書)
生き物	8	(Q)
生きる	10	(G)
〜以降	7	(本)
意識	6	(こ)
意地悪な	1	(話)
〜以前	6	(本)
以前	9	(練)
偉大な	7	(書)
一時的	6	(こ)
一度に	8	(本)
一部	1	(こ)
一瞬	7	(本)

いっしょう 一生	7	(こ)
いっしょにはできない	8	(本)
いっち 一致する	9	(本)
いつの時代も	6	(Q)
いつのまにか	6	(本)
いっぱんてき 一般的に	7	(G)
いっぱん 一般に	9	(本)
いっぱん 一般の	3	(本)
いとな 営み	7	(本)
～以内	3	(こ)
いまだかつてあらず	7	(本)
いま 今になって	6	(練)
イメージ	3	(本)
イライラ	5	(読)
イルカ	8	(書)
いんさつ 印刷する	5	(G)
いんしょう 印象	3	(こ)
インタビュー	5	(こ)

う

う き 雨季	2	(話)
うご 動き	10	(書)
うし 牛	8	(書)
～うちに	7	(Q)
うつ 写す	1	(Q)
うつ病	4	(こ)
うつ 写る	1	(書)
うで 腕	2	(こ)
うまく	6	(練)
うまさ	1	(こ)
う 産む	8	(本)
う あ 売り上げ	6	(こ)
うわさ	4	(G)
うん 運	7	(G)
うんてんしゅ 運転手	3	(G)

え

えいきょう 影響	7	(こ)
えが 描く	3	(本)
エスエフ SF	3	(G)
え そらごと 絵空事	6	(本)
え ど 江戸	8	(こ)
え ど じ だい 江戸時代	6	(練)
え 得る	7	(練)
えん ぎ 演技する	8	(こ)
えんそく 遠足	1	(こ)
エンターテイメント	3	(本)
えん ち 遠地	7	(本)

お

お つ 追い付く	6	(こ)
おうさま 王様	9	(練)
おう 応じる	1	(本)
おうべい 欧米	4	(本)
おうよう 応用する	8	(こ)
お 終える	9	(話)
おおあめ 大雨	3	(練)
おお 多く	5	(話)
おお 多くの	4	(本)
おお つ なみ 大津波	7	(本)
おき ～沖	7	(読)
お 起きる	1	(G)
おく 送る	8	(練)
おこな 行い	8	(こ)
お 起こる	1	(文)
おこ 怒る	1	(こ)
じ ぎ お辞儀	4	(書)
おしゃべりする	10	(話)
おそらく	4	(本)
お つ 落ち着く	10	(書)
オドオドする	5	(こ)
おとず 訪れる	6	(本)

163

おととし	3	(G)
おとな　大人	3	(こ)
おとなしい	1	(話)
おど　脅かす	6	(本)
おどろ　驚かす	6	(こ)
おどろ　驚く	6	(本)
おな　同じような	9	(本)
ねが　お願いする	9	(G)
ば　お化け	6	(読)
オペラ	8	(こ)
おも　こ　思い込む	9	(練)
おや　親	4	(本)
およそ	7	(読)
お　がみ　折り紙	2	(書)
オリンピック	3	(書)
お　追われる	4	(こ)
おんだん　か　温暖化	7	(こ)

か

カーペット	4	(こ)
かい　〜会	8	(こ)
がいかん　外観	3	(本)
かいけつ　解決する	9	(こ)
かい　ご　し　介護士	3	(練)
かいさい　開催する	3	(書)
かいさい　ち　開催地	8	(こ)
がいじん　外人	3	(G)
かいすい　海水	7	(こ)
かいせき　解析	7	(本)
かいてき　快適な	4	(本)
か　ぬし　飼い主	7	(練)
かいはつ　開発	3	(こ)
がいよう　概要	5	(本)
が　か　画家	1	(練)
か　がくしゃ　科学者	7	(書)
か　がくてき　科学的	8	(本)

か　い　書き入れる	2	(文)
かぎ　限る	5	(話)
かく　各	9	(文)
かく　ご　覚悟する	5	(本)
かくじつ　確実	10	(本)
がくしゅう　学習	9	(本)
かくすう　ち　ごうけい　各数値合計	5	(本)
がくせいしょう　学生証	6	(練)
かげ　影	6	(本)
か　こ　駆け込む	1	(こ)
か　こ　過去	5	(こ)
かこ　囲む	10	(練)
か　ざん　火山	6	(練)
かしこ　賢い	8	(読)
かしょ　箇所	6	(文)
か　せい　火星	3	(こ)
か　せつ　仮説	9	(書)
か　せん　下線	1	(こ)
か　せん　ぶ　下線部	6	(文)
かた　型	8	(文)
がた　〜型	3	(本)
か　だい　課題	9	(本)
かっ　き　活気	2	(話)
カッとなる	4	(こ)
か　てい　仮定	7	(こ)
かな　悲しみ	8	(こ)
カバー	5	(G)
かぶしきがいしゃ　株式会社	5	(本)
かみさま　神様	8	(読)
カメラマン	1	(本)
がら　柄	10	(こ)
カラス	6	(練)
から　絡む	8	(本)
かれ　彼ら	4	(本)
かわいそう	5	(練)
か　代わりに	3	(Q)

代(か)わる	3	(本)
乾季(かんき)	2	(話)
観客(かんきゃく)	3	(本)
関係(かんけい)	2	(こ)
観光(かんこう)する	4	(練)
看護師(かんごし)	3	(練)
感情(かんじょう)	8	(本)
感情的(かんじょうてき)な	8	(書)
感(かん)じる	4	(こ)
関心(かんしん)	10	(こ)
感心(かんしん)する	1	(こ)
関(かん)する	8	(Q)
完成(かんせい)	10	(こ)
感想(かんそう)	6	(話)
観測(かんそく)	7	(本)
関東地方(かんとうちほう)	8	(練)
監督(かんとく)	7	(G)
干(かん)ばつ	7	(書)
緩和(かんわ)する	5	(本)

き

消(き)える	6	(本)
記憶(きおく)する	9	(こ)
気(き)が強(つよ)い	1	(話)
期間(きかん)	5	(本)
聞(き)きかえす	3	(話)
聞(き)き取(と)る	6	(話)
企業(きぎょう)	3	(書)
戯曲(ぎきょく)	3	(本)
気候(きこう)	2	(話)
記号(きごう)	2	(Q)
疑似人間(ぎじにんげん)	3	(本)
技術(ぎじゅつ)	3	(G)
基準(きじゅん)	10	(Q)
傷口(きずぐち)	9	(練)
規則的(きそくてき)	9	(こ)

ギター	2	(書)
期待(きたい)する	8	(練)
帰宅(きたく)する	1	(本)
貴重(きちょう)な	8	(本)
気長(きなが)	5	(本)
気(き)にする	5	(話)
記入(きにゅう)する	10	(Q)
記念写真(きねんしゃしん)	1	(こ)
機能(きのう)	9	(本)
技能(ぎのう)	9	(こ)
規模(きぼ)	7	(本)
基本的(きほんてき)に	8	(本)
決(き)まる	9	(Q)
気短(きみじか)	5	(こ)
奇妙(きみょう)な	10	(本)
キムチ	9	(練)
疑問(ぎもん)	4	(文)
キャビンアテンダント	4	(練)
休日(きゅうじつ)	6	(こ)
教科書(きょうかしょ)	5	(こ)
競技者(きょうぎしゃ)	3	(書)
供給(きょうきゅう)	6	(こ)
共通点(きょうつうてん)	10	(書)
恐怖(きょうふ)	6	(本)
強風(きょうふう)	7	(こ)
行列(ぎょうれつ)	5	(本)
巨大(きょだい)	7	(本)
魚類(ぎょるい)	8	(本)
記録(きろく)	3	(書)
議論(ぎろん)	9	(こ)
金(きん)・土(ど)・日(にち)	10	(練)
禁止(きんし)	8	(本)
近代(きんだい)	3	(書)
勤務(きんむ)	10	(練)
金融機関(きんゆうきかん)	5	(読)

165

く

くうかん 空間	4	(本)
くうかんてき 空間的に	7	(本)
くさ 草	10	(書)
くじょう 苦情	7	(練)
クジラ	8	(本)
ぐたいてき 具体的に	9	(本)
ぐっしょりと	6	(本)
グッズ	6	(読)
くっつく	10	(本)
くび 首	1	(こ)
～くらい／ぐらい	6	(練)
く 暮らす	3	(練)
クラスメート	3	(練)
クラブ	1	(本)
グラフ	5	(読)
くら 比べる	5	(本)
グループ	1	(話)
くる 苦しい	8	(G)
くる 苦しむ	10	(書)
くろう 苦労	10	(練)
くわ 加える	5	(本)
くんれん 訓練	7	(こ)

け

けいかく 計画	3	(G)
けいかく　た 計画を立てる	5	(話)
けいき 景気	8	(G)
けいこう 傾向	10	(本)
けいしき 形式	6	(こ)
けいぞく 継続する	8	(書)
けいたいでんわ 携帯電話	10	(G)
ゲート	1	(G)
けっか 結果	5	(本)
けっせき 欠席する	6	(練)
けってい 決定する	5	(こ)

けってん 欠点	8	(こ)
けつろん 結論	3	(文)
げんこう 原稿	5	(G)
けんさ 検査	9	(読)
げんざい 現在	3	(書)
げんじつか 現実化する	3	(G)
げんしょう 現象	6	(書)
けんせつ 建設	8	(こ)
げんだい 現代	6	(文)
げんだいてき 現代的な	10	(書)
けんちく 建築	10	(こ)
けんとう 検討する	9	(書)
げんぱつ 原発	8	(こ)

こ

コアラ	9	(練)
こいつ	4	(本)
こう ～校	1	(練)
こういう	9	(本)
こうかい 公開	10	(こ)
こうがい 公害	7	(こ)
こうかい 後悔する	6	(練)
こうがくぶ 工学部	9	(練)
こうか 高価な	6	(G)
こうき 好奇	3	(本)
こうぎょう 工業	2	(話)
ごうけい 合計する	5	(こ)
こうけん 貢献する	3	(書)
こうこうじだい 高校時代	6	(こ)
こうこうせい 高校生	7	(練)
こうずい 洪水	7	(書)
こうちょう 校長	3	(こ)
こうつうひ 交通費	5	(練)
こうどう 行動	4	(書)
こうにゅう 購入する	6	(こ)
こうむいん 公務員	8	(練)

交流(こうりゅう)	6 (練)
高齢者(こうれいしゃ)	8 (練)
コーチ	1 (こ)
氷(こおり)	2 (練)
故郷(こきょう)	4 (こ)
語句(ごく)	1 (文)
ごく	7 (本)
国際問題(こくさいもんだい)	8 (本)
国民(こくみん)	5 (G)
心(こころ)	10 (G)
個人(こじん)	4 (本)
個人的な(こじんてきな)	4 (Q)
子育て(こそだて)	9 (練)
古代(こだい)	3 (書)
応える(こたえる)	1 (こ)
誇張する(こちょうする)	10 (書)
国家(こっか)	3 (書)
古典的な(こてんてきな)	10 (本)
異なる(ことなる)	5 (こ)
〜ことにしましょう	8 (話)
小鳥(ことり)	2 (本)
断る(ことわる)	5 (こ)
このあたり	2 (練)
この好み(このこのみ)	1 (こ)
このような	3 (本)
このように	8 (本)
こめる	8 (こ)
娯楽(ごらく)	3 (こ)
これまで	7 (練)
これら	8 (読)
ころぶ	5 (こ)
今回(こんかい)	5 (本)
根拠(こんきょ)	6 (文)

さ

災害(さいがい)	7 (本)
最後(さいご)	6 (練)
最高(さいこう)	3 (こ)
最初(さいしょ)	6 (G)
最初の(さいしょの)	9 (練)
最大(さいだい)	7 (本)
サインする	5 (練)
盛ん(さかん)	2 (話)
作者(さくしゃ)	2 (Q)
昨年(さくねん)	9 (こ)
作品(さくひん)	1 (練)
サスペンス性(せい)	6 (本)
撮影する(さつえいする)	1 (本)
作家(さっか)	3 (本)
殺人事件(さつじんじけん)	6 (こ)
さまざまな	5 (本)
さらに	7 (本)
参加者(さんかしゃ)	9 (練)
参考文献(さんこうぶんけん)	9 (G)

し

詩(し)	2 (Q)
シート	6 (本)
シートベルト	6 (こ)
強いる(しいる)	5 (G)
シーン	5 (本)
司会(者)(しかい(しゃ))	7 (話)
視覚(しかく)	10 (本)
しかし	7 (本)
時間的に(じかんてきに)	7 (本)
色覚(しきかく)	9 (本)
識別(しきべつ)	9 (本)
時給(じきゅう)	7 (練)
敷く(しく)	4 (こ)
刺激する(しげきする)	6 (本)
事件(じけん)	7 (G)
仕事場(しごとば)	4 (本)

167

自在に	6	(本)
事実	4	(文)
史上	7	(本)
自信	1	(こ)
姿勢	7	(練)
舌	1	(本)
自体	6	(本)
時代	6	(本)
従う	4	(練)
親しむ	8	(本)
実際に	10	(本)
実施する	5	(本)
実証的に	10	(こ)
湿度	2	(話)
失礼	7	(練)
視点	10	(本)
地面	2	(本)
しま	9	(本)
島国	6	(練)
指名する	7	(話)
示す	2	(読)
車輪	10	(本)
週～	3	(こ)
自由	10	(こ)
習慣的な	8	(書)
周期的に	6	(本)
週休～日	10	(練)
宗教行事	3	(書)
集計する	5	(こ)
就職活動	5	(練)
重体	8	(こ)
重度	8	(こ)
収入	8	(練)
重要な	10	(本)
受験	9	(こ)
受賞する	5	(G)
手段	3	(本)
主張	6	(文)
出演する	3	(こ)
首都	6	(練)
需要	6	(本)
種類	3	(文)
～種類	7	(練)
順	5	(本)
順序	9	(Q)
順番	5	(こ)
順番に	5	(練)
～上	7	(本)
上位	8	(練)
消火器	9	(こ)
奨学金	7	(G)
小学生	7	(G)
将棋	7	(練)
乗客	6	(本)
商業	2	(話)
条件づけ	9	(本)
上司	4	(本)
常識	10	(こ)
常識的な	6	(こ)
乗車する	6	(本)
消費者	6	(本)
消費する	6	(本)
消費税	8	(G)
商品	6	(こ)
正面	10	(本)
～色	10	(練)
職業	8	(練)
食後	10	(練)
職場	4	(読)
食品	7	(練)
食文化	8	(書)
助詞	3	(こ)

女性	7 (G)
女性客	6 (本)
食器	5 (G)
書店	10 (こ)
書物	10 (本)
視力	9 (読)
～心	6 (本)
進化する	7 (こ)
診察する	5 (こ)
新車	3 (こ)
人生	3 (G)
進歩	6 (本)
新薬	7 (こ)
人力車	6 (本)
侵略	6 (こ)
人類	7 (こ)

す

巣	9 (練)
吸い込む	1 (こ)
睡眠不足	10 (練)
睡眠をとる	4 (こ)
数字	5 (文)
姿	6 (読)
好きでもないのに	5 (練)
好きなようにする	9 (こ)
すぐ	6 (本)
スクリーン	9 (本)
スケート	8 (G)
すず	2 (本)
進む	8 (こ)
進める	7 (本)
スッとする	4 (こ)
砂場	10 (本)
スペース	4 (本)
すべて	9 (本)

スポンサー	3 (本)
スマートフォン	4 (書)
済む	1 (本)
スリッパ	7 (G)

せ

成果	7 (本)
性格	4 (こ)
税金	5 (G)
生産	6 (こ)
成長する	3 (こ)
成年	10 (こ)
性能	7 (G)
政府	7 (こ)
生物資源	8 (本)
責任	3 (練)
責任感	7 (練)
接続語句	7 (文)
設置する	9 (書)
設定する	9 (書)
節約する	6 (こ)
全員	3 (こ)
選挙	10 (こ)
全国	5 (本)
潜在的な	6 (本)
選手	5 (G)
全身	2 (こ)
全体	5 (本)
全体的に	5 (Q)
前提	6 (本)
宣伝する	3 (書)
専門	9 (練)
戦略	6 (本)

そ

そういう	4 (書)

169

語	課	区分
総合病院（そうごうびょういん）	5	(読)
装置（そうち）	9	(文)
想定外（そうていがい）	7	(本)
想定する（そうてい）	9	(こ)
測定する（そくてい）	9	(本)
底（そこ）	10	(こ)
そこへ	1	(本)
備える（そな）	7	(こ)
そば	1	(本)
ソファー	10	(こ)
それぞれ	2	(書)
そろそろ	7	(話)
存在（そんざい）	3	(本)
存在感（そんざいかん）	6	(本)

た

語	課	区分
〜代（だい）	5	(本)
対応（たいおう）	7	(こ)
大学生（だいがくせい）	7	(練)
大規模な（だいきぼ）	7	(本)
体験（たいけん）	9	(こ)
大地震（だいじしん）	7	(本)
体重（たいじゅう）	8	(こ)
対象（たいしょう）	3	(本)
退職（たいしょく）	3	(こ)
大好き（だいす）	4	(本)
体長（たいちょう）	8	(こ)
態度（たいど）	4	(練)
代表（だいひょう）	3	(練)
タイプ	8	(G)
太平洋（たいへいよう）	7	(読)
ダイヤモンド	7	(練)
体力（たいりょく）	8	(こ)
耐える（た）	10	(G)
倒す（たお）	2	(こ)
だから	4	(本)

語	課	区分
宝くじ（たから）	6	(こ)
だけど	4	(練)
確かな（たし）	7	(練)
出す（交通費を）（だ）（こうつうひ）	5	(練)
助け合う（たす あ）	7	(こ)
助ける（たす）	1	(こ)
たたく	9	(Q)
〜たち	2	(書)
立場（たちば）	8	(書)
経つ（た）	7	(読)
たった	7	(G)
竜巻（たつまき）	7	(書)
縦書き（たてが）	2	(練)
立てる（た）	9	(書)
たとえば	6	(本)
たどる	7	(本)
〜たびに	9	(練)
黙って見る（だま み）	6	(練)
たまる	4	(本)
貯まる（た）	6	(こ)
〜ため	6	(練)
誕生（たんじょう）	3	(文)
誕生パーティー（たんじょう）	1	(本)
男性（だんせい）	4	(練)
タンパク源（げん）	8	(本)
段ボール（だん）	4	(こ)

ち

語	課	区分
地域（ちいき）	6	(こ)
チェス	10	(練)
知覚（ちかく）	9	(本)
近づく（ちか）	9	(本)
知識（ちしき）	8	(こ)
乳（ちち）	8	(読)
父親（ちちおや）	5	(こ)
ちっとも〜ない	2	(本)

知能	8	(本)
～地方	3	(書)
中級レベル	5	(こ)
抽象的	9	(こ)
～中心で	10	(本)
注文をつける	1	(本)
～超	5	(読)
超～	7	(本)
調査	3	(G)
長時間	10	(練)
頂上	7	(こ)
朝食	1	(こ)
挑戦	3	(こ)
長大な	7	(本)
調味料	9	(練)
治療	7	(こ)
知力	8	(こ)

つ

ツアーガイド	9	(練)
次いで	5	(本)
付いて来る	6	(本)
通学する	4	(G)
通勤	5	(こ)
通行	5	(こ)
通路	9	(練)
付き合う	3	(練)
次から次へと	4	(こ)
就く	8	(練)
作り手	3	(本)
～続ける	6	(本)
つなぐ	5	(練)
常に	6	(本)
積む	4	(こ)
梅雨	5	(練)
強火	5	(練)

つるす	4	(こ)

て

提案する	8	(話)
低下する	9	(本)
提供者	3	(こ)
提示	6	(書)
提唱する	3	(書)
定着する	3	(本)
程度	9	(こ)
丁寧体	1	(書)
テーマ	9	(話)
敵	9	(練)
できごと	1	(文)
適切な	6	(Q)
適当な	1	(こ)
デスク	4	(本)
でたらめに	9	(本)
鉄	5	(練)
出て来る	3	(こ)
手もと	9	(本)
照らし合わせる	5	(G)
出る	6	(読)
点	5	(こ)
店員	9	(練)
典型的に	10	(本)
天候	7	(こ)
展示する	8	(こ)
天井	4	(こ)
伝統的な	2	(練)

と

～度	5	(本)
ということは	9	(G)
～頭	8	(本)
同意する	4	(話)

171

投影する	6	(本)
統計	8	(練)
動作	3	(本)
当時	3	(こ)
動詞	2	(こ)
同時	5	(こ)
どうしてかというと	10	(本)
どうしても	7	(練)
登場する	3	(本)
当選	10	(こ)
同窓会	5	(練)
東北地方	7	(読)
同様	5	(本)
道理で	9	(G)
討論	9	(こ)
遠ざかる	6	(本)
トーン	7	(G)
都会	5	(話)
ドキドキする	5	(こ)
時は金なり	9	(G)
得意	4	(G)
読書	4	(G)
特徴	9	(書)
ところ	2	(書)
都市	3	(書)
閉じる	5	(G)
途中で	10	(話)
どちらかと言えば	4	(こ)
トップ	5	(本)
隣り合わせ	6	(本)
土日	4	(G)
どのような	5	(こ)
飛び込む	1	(こ)
とぶ	2	(読)
ともなう	6	(Q)
ともに	3	(こ)

とらえる	8	(文)
取り入れる	3	(こ)
鳥かご	4	(こ)
努力	9	(練)
捕る	8	(本)
～ドル	8	(G)
どれだけ	6	(本)
どれほど～ても	6	(本)
どんどん	6	(話)
どんなに～ても	2	(書)

な

～内	8	(話)
内容	2	(Q)
仲間	2	(こ)
ながめ	5	(練)
流れ	3	(書)
鳴き声	6	(練)
なくてはならない	3	(練)
謎の	6	(本)
雪崩	7	(書)
納豆	5	(練)
夏休み	3	(練)
何かと	7	(練)
何も言えず	5	(こ)
悩み	10	(練)
鳴る	1	(G)
なるほど	10	(練)
南極	7	(こ)
何千	8	(本)
なんと	6	(本)
何度も	4	(練)
何万	8	(本)

に

似合う	10	(書)

苦手	2 (G)
ニコニコする	1 (話)
虹	10 (練)
～にそって	3 (書)
日常	5 (本)
～につきる	4 (本)
日本海	7 (G)
日本語力	10 (話)
日本食	6 (書)
～にまで	6 (練)
入場料	9 (練)
～により	7 (こ)
～による	5 (本)
似る	4 (練)
人間	3 (本)
人間関係	5 (こ)

ね

寝ころがる	10 (本)
ねじる	2 (こ)
熱心に	7 (G)
熱する	5 (練)
根強い	6 (本)
～年間	10 (G)
～年代	10 (本)
年配	8 (練)
年齢	7 (練)

の

農業	2 (話)
能力	9 (本)
ノーベル賞	5 (G)
残す	5 (練)
のぞき穴	9 (本)
のぞく	9 (こ)
伸ばす	2 (こ)
述べる	5 (こ)
乗り込む	1 (本)
乗り過ごす	6 (こ)

は

バージョンアップする	7 (こ)
％	5 (読)
パートナー	3 (本)
灰色	9 (本)
背景	6 (書)
入り込む	1 (こ)
倍率	8 (練)
入る	5 (練)
測る	7 (本)
～泊	1 (こ)
博物館	8 (こ)
激しく	4 (G)
場所	7 (G)
パスワード	9 (書)
パターン	9 (本)
果たす	7 (本)
爬虫類	9 (練)
罰	9 (こ)
バッグ	2 (練)
発散する	4 (こ)
発生	7 (本)
発達	3 (練)
発展する	8 (こ)
ハッとする	4 (こ)
発売する	5 (練)
発表者	8 (話)
パトロールする	7 (書)
話し合い	7 (話)
話し合う	1 (話)
華やかな	8 (練)
離れる	3 (練)

173

母親(ははおや)	9 (練)
場面(ばめん)	5 (話)
腹が立つ(はらがたつ)	5 (こ)
ハラハラする	5 (こ)
ハリケーン	7 (書)
晴れ(はれ)	7 (G)
晴れ晴れする(はればれする)	4 (こ)
反省する(はんせいする)	8 (こ)
ハンドル	3 (G)
犯人(はんにん)	5 (G)
晩年(ばんねん)	10 (こ)
反応する(はんのうする)	9 (本)
販売(はんばい)	6 (本)
～番目(ばんめ)	7 (本)
氾濫する(はんらんする)	7 (こ)

ひ

ビーフステーキ	9 (練)
被害(ひがい)	7 (Q)
比較(ひかく)	5 (本)
光る(ひかる)	7 (練)
引く(ひく)	1 (こ)
ひざ	2 (こ)
ビジネスパーソン	5 (本)
非常に(ひじょうに)	7 (Q)
美人(びじん)	4 (こ)
筆者(ひっしゃ)	4 (文)
否定する(ひていする)	8 (書)
人々(ひとびと)	3 (本)
一人も～ない(ひとりも～ない)	10 (練)
非難する(ひなんする)	8 (本)
秘密(ひみつ)	4 (練)
表(ひょう)	2 (書)
評価する(ひょうかする)	10 (本)
表現(ひょうげん)	3 (話)
表情(ひょうじょう)	1 (本)

非力さ(ひりきさ)	7 (書)
ひろげる	2 (本)
ピンク	10 (G)

ふ

不安(ふあん)	6 (本)
夫婦(ふうふ)	3 (練)
ブーム	6 (本)
深い(ふかい)	7 (G)
不完全な(ふかんぜんな)	10 (本)
吹く(ふく)	5 (G)
副校長(ふくこうちょう)	3 (こ)
ブザー	1 (G)
夫妻(ふさい)	9 (練)
不思議(ふしぎ)	4 (本)
防ぐ(ふせぐ)	7 (書)
～不足(ふそく)	7 (本)
舞台(ぶたい)	3 (こ)
普段(ふだん)	4 (こ)
普通(ふつう)	4 (本)
普通体(ふつうたい)	2 (書)
部分(ぶぶん)	6 (本)
不満に(ふまんに)	4 (こ)
増やす(ふやす)	7 (こ)
フライパン	5 (練)
プライベート	4 (本)
～ぶりに	10 (書)
振り向く(ふりむく)	6 (本)
フルート	5 (G)
プロ	7 (練)
プロポーズする	5 (こ)
文(ぶん)	2 (Q)
雰囲気(ふんいき)	10 (書)
噴火(ふんか)	7 (書)
文章(ぶんしょう)	1 (書)
分析する(ぶんせきする)	9 (書)

174

へ

ペア	4 (話)
〜ページ	5 (こ)
ベース	6 (本)
ペース	5 (話)
別(べつ)な	10 (本)
別(べつ)の	7 (本)
ヘビ	9 (練)
減(へ)らす	4 (こ)
ベル	5 (G)
変化(へんか)	7 (こ)

ほ

棒(ぼう)	1 (こ)
望遠鏡(ぼうえんきょう)	9 (こ)
報告書(ほうこくしょ)	5 (こ)
報告(ほうこく)する	8 (話)
防災(ぼうさい)	7 (本)
防止(ぼうし)	7 (こ)
防犯(ぼうはん)カメラ	9 (書)
ほうび	9 (こ)
方面(ほうめん)	10 (本)
捕鯨(ほげい)	8 (本)
ホッとする	4 (本)
哺乳類(ほにゅうるい)	8 (本)
ほぼ	9 (本)
ほんの	7 (本)
本番(ほんばん)	10 (話)
本文(ほんぶん)	1 (文)

ま

マイク	10 (話)
枚数(まいすう)	5 (G)
前向(まえむ)きな	7 (練)
任(まか)せる	9 (練)
巻(ま)く	1 (こ)

マグニチュード	7 (読)
曲(ま)げる	2 (こ)
また	6 (本)
または	9 (書)
待(ま)ち時間(じかん)	5 (本)
まったく〜ない	10 (練)
まったくの	6 (本)
〜(に)まで	6 (練)
学(まな)ぶ	8 (こ)
まねる	3 (本)
豆(まめ)	9 (G)
守(まも)る	8 (本)
マヨネーズ	2 (G)
まるで	6 (練)
回(まわ)す	2 (こ)
回(まわ)る	1 (こ)
満員(まんいん)	1 (こ)
満室(まんしつ)	8 (G)
満足(まんぞく)	10 (話)

み

見合(みあ)わせる	8 (練)
ミス	3 (G)
水辺(みずべ)	9 (練)
未曽有(みぞう)の	7 (本)
みな	10 (本)
見習(みなら)う	4 (書)
魅力(みりょく)	6 (本)
見分(みわ)ける	9 (こ)
民族(みんぞく)	8 (本)

む

ムカムカする	5 (こ)
無関係(むかんけい)の	6 (Q)
〜向(む)け	8 (練)
向(む)ける	1 (本)

175

虫	9	(G)
蒸し暑い	4	(練)
ムッとする	4	(こ)
胸	4	(こ)
むりやり	5	(練)

め

明治時代	6	(本)
迷惑をかける	8	(G)
目が覚める	4	(こ)
目覚まし時計	2	(こ)
面接官	6	(こ)
メンバー	10	(G)

も

目標	3	(書)
もたらす	7	(本)
最も	3	(練)
モデル	1	(こ)
求める	4	(話)
もともと	3	(G)
者	6	(本)
物語	6	(本)
模倣する	3	(本)
森	8	(こ)

や

約〜	1	(G)
役所	5	(書)
薬局	9	(練)
やっぱり	4	(練)
山道	9	(練)

ゆ

遊園地	4	(G)
有効な	5	(話)
ユーザー	3	(こ)
夕食	1	(こ)
友人	2	(書)
有料	5	(G)
幽霊	6	(本)
床	4	(こ)
雪合戦	10	(文)
ゆする	2	(本)
豊か	2	(話)
指	6	(こ)
夢を見る	4	(こ)
許す	7	(練)
揺れる	7	(こ)

よ

妖怪	6	(読)
様式	6	(本)
曜日	9	(練)
洋風	3	(こ)
洋服	2	(読)
用法	5	(練)
予算	7	(こ)
予想	4	(文)
予測する	7	(Q)
欲求	6	(Q)
世の中	10	(練)
予備校	8	(練)
読み書き	5	(こ)
喜ぶ	2	(読)

ら

〜らしい	9	(練)
ラジオ体操	2	(こ)
ランチ	5	(こ)

り

リアリティ	6	(本)
リアルな	10	(書)
理解する	4	(書)
理由	3	(練)
両足	2	(こ)
両側	10	(本)
利用者	3	(練)
両手	2	(本)
旅行者	1	(こ)
理論	9	(こ)

る

ルール	6	(練)

れ

例示	6	(書)
冷静	8	(書)
連想する	8	(読)

ろ

労働	3	(本)
論理	10	(本)

わ

わがまま	7	(練)
若者	6	(こ)
わからないままに	9	(こ)
分かれる	1	(話)
ワクワクする	5	(こ)
分ける	2	(こ)
話題	6	(書)
ワニ	9	(練)
和風	3	(こ)
〜割	5	(本)
悪口	1	(こ)

を

〜を対象に	5	(本)

ん

〜んじゃないか	4	(話)
〜んじゃないでしょうか	4	(話)

177

Table of Contents

Lesson	Title / Objectives	Before You Read a Text / Discourse Pattern	Grammatical Notes
1	**Einstein Sticks His Tongue Out** ・Accurately understanding a past event, mainly with regard to time and place ・Writing about brief memories including details of time and place **Comprehension process** Inferring details of main character from photographs ↓ Reading an episode about Einstein ↓ Imagining Einstein's character	**Before You Read a Text** Sharing what you know about a person in a picture **Discourse Pattern** Describing time, space (whole ⇒ parts)	1．〜あと、…　…after〜 2．〜とする　be about to〜, be going to〜 3．〜うち　among〜 4．〜ところ、　upon〜
2	**Me, Little Birds and Bells** ・Savoring the content of the poem, enjoying the feeling of the words and interpreting its message ・Expressing the good points of various peoples and countries and trying to mutually understand the diversity **Comprehension process** Listening to a recording of a poem and forming an image of it ↓ Savouring the poem ↓ Understanding the message of the poem Giving fullness to the feeling of the words	**Before You Read a Text** Discussing things that you can do and things that others can do **Discourse Pattern** Comparisons	1．Contrastive は 2．〜ように 　　like〜, as if〜 3．〜みたいに 　　like〜, as if〜

Practice on Grammatical Notes	Vocabulary Practice	Let's Write / Let's Talk
1. ～あと、… 2. ～とする 3. ～うち 4. ～ところ、	1. Substituting words with the same meaning 2. つく／つける (polysemes) 3. ～込む (compound verbs) 4. Idioms using parts of the body	**Let's Write** ・Using words that express time ・Writing about memories according to a sentence pattern going from the whole to the parts **Let's Talk** ・Understanding use of words that express personality ・Looking at a photograph of a person, imagining what they are like and discussing this
1. は 2. ～ように／～ような① 3. ～ように／～ような② 4. ～みたいに／～みたいな	1. Verbs that connect to nouns (idioms) 2. Words using the same kanji 3. Words that express body movements 4. Kanji related to each other	**Let's Write** ・Writing about things you can do and can't do ・Writing about the good points of friends and differences with other ・Writing a poem using the plain form **Let's Talk** ・Understanding expressions that explain the situation in your country or region ・Explaining the good points of your country ・Giving impressions after reading a poem

Lesson	Title / Objectives	Before You Read a Text / Discourse Pattern	Grammatical Notes
3	**Beginning of Robots** · Knowing the reason that something came into being and its purposes · Understanding the character of something through comparison and summarizing this in sentences **Comprehension process** Arousing interest in robots through discussion of their functions ↓ Reading about the purposes of robots when they first appeared ↓ Thinking about the significance and roles of robots	**Before You Read a Text** Thinking about robots based on photographs **Discourse Pattern** Comparison of 2 and 3 items	1．～という 　used to define or name something 2．～のは…だ 　the thing that～was/is... 3．～として　as～ 4．～によって 　with～, by means of～ 5．～にとって　for～ 6．つまり 　in other words ～

What's this? 1
Request for someone to come
Notification of Attempted Delivery
Reading selectively for important information only
Accomplishing task based on information read

Lesson	Title / Objectives	Before You Read a Text / Discourse Pattern	Grammatical Notes
4	**Why Don't the Photo-loving Japanese Have Photos of Their Families in the Workplace?** · Observing the behavior and customs of people from different cultural backgrounds, thinking about the reasons and communicating them · Raising questions about a fact and expressing opinions about it **Comprehension process** Talking about whether you have photos of your family or sweetheart in the workplace ↓ Reading text while comparing foreigners and Japanese regarding whether people have photos of their familes in the workplace or not ↓ Thinking about the reasons that Japanese don't have photos of their familes in the workplace in comparison with foreigners	**Before You Read a Text** Pondering the influence of photos based on illustrations **Discourse Pattern** Comparing facts and reasons	1．～のか 　indicates need for confirmation, acceptance 2．（もし）～のなら、 　If (in fact)～ 3．～はもちろん（だが）、 　～も…　～ is normal/natural and for ～ as well 4．（それ）なのに 　despite～ 5．～の 　indicates question through rising intonation 6．～という… 　gives a name to something that has just been explained

Practice on Grammatical Notes	Vocabulary Practice	Let's Write / Let's Talk
1．～のは…だ 2．～として 3．～によって 4．～にとって 5．つまり	1．Kanji constituents of compounds 2．Use of verbs and particles 3．Substituting words with the same meaning 4．Substituting kanji words for katakana words	**Let's Write** ・Understanding use of different words relating to the Olympics ・Summarizing contrasting viewpoints of the Olympics ・Writing about the beginnings and objectives of the Olympics in the plain form according to the given sentence flow **Let's Talk** ・Asking a speaker to repeat something when you have not understood what he/she is saying ・Presenting what you have written ・Explaining your purpose of and reasons for learning Japanese
1．～のか 2．（もし）～のなら、 3．なら・と・ば・たら 4．～はもちろん（だが）、～も… 5．（それ）なのに 6．～の 7．～という…	1．Kanji constituents of compounds 2．Verbs that express installed status of things 3．Use of verbs and particles relating to stress 4．Onomatopoeic words that express emotions	**Let's Write** ・Understanding the use of words that express your feelings ・Asking questions about facts, thinking about the answers and summarizing them in a table; then summarizing this in the plain form according to the given sentence flow **Let's Talk** ・Understanding use of expressions used to give or seek opinions, agree or disagree ・Seeking, giving opinions in presentations

Lesson	Title / Objectives	Before You Read a Text / Discourse Pattern	Grammatical Notes
5	**How Long Do You Have to Be Kept Waiting to Feel Irritated?** · Gaining information from non-text information such as that from graphs · Comparing the businessperson's sense of time between 10 years ago and now **Comprehension process** Interpreting data in graphs ↓ Reading explanation of data and checking it against that in a graph ↓ Thinking about the current businessperson's sense of time in comparison with past data	**Before You Read a Text** Interpreting information in graphs **Discourse Pattern** Survey reports (Overview: objectives, subjects, period, methods/results)	1. Causative-passive 2. Particle ＋の 3. Connecting with verbs in the ます-form 4. ～ている indicates record of past situation or experience 5. ～はじめる　start～
6	**Why Is The Monster Fad So Deeply Rooted?** · Exploring the basis for the monster fad and understanding the pyschology involved in it · Expressing opinions concerning a topic while mentioning causes, backgrounds and examples **Comprehension process** Discussing monsters and ghosts you know about ↓ Reading the author's statements concerning the monster fad as well as the reasons and basis for them ↓ Sharing opinions on the author's statements concerning the monster fad Exploring the basis for the monster fad	**Before You Read a Text** Thinking about monsters and ghosts based on illustrations **Discourse Pattern** Author's statements; reasons for, basis of (expansion using key phrases)	1. ～のはなぜ？ 　Why did～？ 2. である style 3. ～ずに without～ 4. ～以上、…as～, given that～ 5. ～たところで no matter how much/ even if～（it will not...)

What's this? 2
"It's good to be looking ahead but don't you care about what's happening behind you?"
Gleaning information from a poster combining text and an illustration. Thinking about the methods used to make an impression on people who see it.

Practice on Grammatical Notes	Vocabulary Practice	Let's Write / Let's Talk
1．使役受身 　　Causative-passive 2．受身・使役・使役受け身 　　Passive, causative, causative-passive 3．格助詞＋の 　　Particle+の 4．ます形による動詞の接続 　　Connecting with verbs in the ます-form 5．〜ている 6．〜はじめる	1．Substituting words with the same meaning 2．Use of verbs and particles 3．Onomatopoeic words that express emotions 4．Choosing appropriate kanji words	**Let's Write** ・Explaining information gained from graphs ・Summarizing information in graphs in the polite form **Let's Talk** ・Understanding expressions that express thinking with regard to time ・Discussing your own sense of time in comparison with the results of the survey of Japanese in this lesson
1．〜のは、なぜ／どうして／いつ／どこ？ 2．である体 　　である style 3．〜ずに 4．〜以上、… 5．〜たところで	1．Kanji constituents of compounds 2．Use of verbs and particles 3．Choosing appropriate kanji words 4．Use of adverbs, etc.	**Let's Write** ・Writing how the fad came about according to the flow: presentation of topic, causes or backgrounds, examples, summing up, in the plain form **Let's Talk** ・Understanding expressions for asking someone to repeat something ・During a presentation, using expressions to ask someone to repeat something when you have not understood, and expressing impressions or opinions ・Expressing opinions regarding the reasons for the deep-rooted monster fad

Lesson	Title / Objectives	Before You Read a Text / Discourse Pattern	Grammatical Notes
7	**An Unforseeable Earthquake?** · Understanding the author's opinions regarding the Great East Japan Earthquake · Expressing opinions regarding the risk of natural disasters in the area where you live and the possibility of disaster prevention, giving basis for opinions **Comprehension process** Discussing earthquakes based on earthquakes you have experienced and past major earthquakes ↓ Understanding the view of the author regarding the connection between earth science and the Great East Japan Earthquake ↓ Thinking about the possibilities and limitations of the application of earth science to large scale natural phenomena	**Before You Read a Text** Learning about past major earthquakes from a table and map **Discourse Pattern** Facts and opinions, conclusions	1. けっして〜ない 　on no account〜, never〜 2. 〜に対する 　regarding〜 3. 〜てきた 　expresses something continuing from the past 4. 〜に対して compared to 〜 5. まして how much more, how much less, not to mention 〜 6. 〜にすぎない 　no more than 〜, merely 〜 7. たしかに、〜。(しかし／ただ／でも) certainly 〜 (but, however) 8. ただ but, however 9. 〜きれない can't do all of 〜, can't completely 〜 10. 〜のではないでしょうか Isn't it perhaps so that〜?
8	**Relationship of the Japanese with Whales** · Understanding the author's opinion of whaling by reading the arguments for and against · Accurately understanding the arguments for and against and stating your own position **Comprehension process** Thinking about the relationship between people and animals using the illustrations ↓ Reading the arguments for and against whaling ↓ Thinking about cultural differences regarding relationships between people and animals in general. Considering the environmental and religious aspects of such relationships	**Before You Read a Text** Based on an illustration, thinking about the relationship between people and animals, and comparing cultures in this regard **Discourse Pattern** Comparing for and against	1. また in additon, also 2. 〜べきだ 　should 〜, must 〜 3. 一方 　on the other hand, whereas 4. そのため 　for that reason

Practice on Grammatical Notes	Vocabulary Practice	Let's Write / Let's Talk
1．けっして～ない 2．～に対する 3．～てきた 4．～に対して 5．まして 6．～にすぎない 7．たしかに、～。(しかし／ただ／でも) 8．ただ 9．～きれない 10．～のではないでしょうか	1．Kanji constituents of compounds 2．Choosing appropriate kanji words 3．Use of verbs and particles 4．Use of adverbs, etc	**Let's Try to Write** ・Understanding the use of words concerning the relationship between natural phenomena and people ・Writing about natural disasters in the area where you live and the possibility of disaster prevention in the plain form, according to the flow: facts, opinions, reasons, conclusions **Let's Try to Talk** ・Understanding words used by a moderator in discussions ・Deciding on a moderator and speaking about the relationship between people and natural phenomena
1．～べきだ 2．一方 3．また・だから・そのため・一方 4．として・そのため・一方・という	1．Kanji constituents of compounds 2．Use of verbs and particles 3．Choosing appropriate words 4．Choosing appropriate kanji words	**Let's Write** ・Understanding expressions used when discussing whaling ・Putting together your own ideas concerning whaling in the plain form, while weaving opinions and the reasons into them **Let's Talk** ・Understanding expressions used in discussion ・Presenting what you have written about whaling, having a group discussion and making a class report

Lesson	Title / Objectives	Before You Read a Text / Discourse Pattern	Grammatical Notes
9	**Testing Monkeys' Eyesight** · Gaining a correct understanding of the objective, methods, procedures and conclusions of an experiment by reading a report on it · Explaining an experiment to the class using expressions for presentations and after explanation responding to questions **Comprehension process** Using the illustration as a hint, discuss the testing of eyesight in different countries and regions ↓ Reading the report on the experiment while noting the objective, methods and results ↓ Understanding the conclusion of the experiment correctly	**Before You Read a Text** Gaining an interest in the sense of sight from an illustration **Discourse Pattern** Report on an experiment (objective, method [apparatus, preparations], results, conclusion)	1．〜だけでなく、 　　not only 〜, 　　not just 〜 2．〜というように 　　used to explain the nature of something 3．丁寧形(polite form) + と／たら／etc. 4．〜を欲しがる 　　apt to want 〜 5．〜わけだ 　　used to express a conclusion or consequence 6．〜てくる 　　indicates change with time
\multicolumn{3}{}	**What's this? 3** "It's a towel left out of consideration for others" Gaining information and opinions instantly from a non-commercial ad. combining photos and text	
10	**Children's Drawings** · Understanding the diversity in perceiving things by reading about the characteristics of drawings by children and adults · Expressing opinions and impressions in a comparison of 2 things, summarizing what they have in common and their differences **Comprehension process** Sharing impressions of 2 types of drawing ↓ Understanding the features of adults' and children's drawings ↓ Thinking about the various ways of drawing pictures and the way the drawer sees things, by comparing adults' and children's drawings	**Before You Read a Text** Observing pictures (illustrations) and thinking about the way they were drawn **Discourse Pattern** Giving examples and making comparisons	1．Nominative の 2．〜というふうに 　　used to elaborate on something or explain it further 3．〜がちだ　tend to〜 4．ところが　however 5．〜なりに 　　in the manner/way of 〜 6．〜のではないか 　　Isn't it probably so that〜 ? 7．〜うる　be possible 8．〜ではなくて 　　not 〜 but (another thing) 9．〜ということだ 　　It's a case of 〜, Thus 〜

Practice on Grammatical Notes	Vocabulary Practice	Let's Write / Let's Talk
1．～だけでなく、 2．～というように① 3．～というように② 4．丁寧形(polite form) + と／たら、 5．～を欲しがる・～たがる 6．～わけだ① 7．～わけだ② 8．～てくる 9．～だけでなく・～によって・～というように・～ところ	1．Choosing appropriate kanji words 2．Use of verbs and particles 3．Substituting words with the same meaning 4．Expressions with similar meanings	**Let's Write** ・Understanding expressions needed for explaining the process of an experiment ・Describing an experiment in the plain form according to the flow: objective, methods, results, conclusion **Let's Talk** ・Understanding the use of words used when making a presentation or listening to one ・Making presentations using the expressions for this purpose ・Asking questions appropriately when a presentation is difficult to understand
1．～というふうに 2．～がちだ 3．～なりに 4．～のではないか 5．～うる 6．～ではなくて 7．～ということだ	1．Substituting words with the same meaning 2．Prefixes expressing the negative 3．Use of verbs and particles 4．Choosing appropriate kanji words	**Let's Write** ・Understanding the use of words used to give impressions of drawings ・Writing about 2 types of drawing in the plain form, comparing their features and explaining which you like giving reasons **Let's Talk** ・Understanding expressions used when giving an impression ・Sharing presentations of the 2 types of drawing saying which you like, with the moderator reporting common opinions of the class ・Telling each other how your Japanese has changed through studying this textbook and whether you are satisfied with your present Japanese ability

著者
石沢弘子（いしざわ　ひろこ）　元目白大学教授
新内康子（しんうち　こうこ）　志學館大学名誉教授
関　正昭（せき　まさあき）　元東海大学教授
外崎淑子（とのさき　すみこ）　東海大学教授
平高史也（ひらたか　ふみや）　愛知大学特任教授、慶應義塾大学名誉教授
鶴尾能子（つるお　よしこ）　元財団法人海外技術者研修協会（AOTS）
土岐　哲（とき　さとし）　大阪大学名誉教授（2011年6月没）

翻訳
Alexander Cox

イラスト
大崎メグミ

装丁・本文デザイン
山田武

協力機関
ABK学館日本語学校　東海大学国際教育センター　ヨシダ日本語学院

改訂版　日本語中級J301
―中級前期―　英語版

1995年11月 1 日　初 版第 1 刷発行
2016年11月19日　改訂版第1刷発行
2022年 7 月11日　改訂版第5刷発行

著　者　石沢弘子　新内康子　関正昭　外崎淑子　平高史也
　　　　鶴尾能子　土岐哲
発行者　藤嵜政子
発　行　株式会社スリーエーネットワーク
　　　　〒102-0083　東京都千代田区麹町3丁目4番
　　　　　　　　　　トラスティ麹町ビル2Ｆ
　　　　電話　営業　03（5275）2722
　　　　　　　編集　03（5275）2725
　　　　https://www.3anet.co.jp/
印　刷　三美印刷株式会社

ISBN978-4-88319-741-5　C0081
落丁・乱丁本はお取替えいたします。
本書の全部または一部を無断で複写複製（コピー）することは著作権法上での例外を除き、禁じられています。

改訂版

日本語中級 J301
―中級前期―
英語版

《別冊》

・新出語

・解答

スリーエーネットワーク

新出語

第1課　舌を出したアインシュタイン

本文
- 舌　tongue
- 撮影する　take a photo
- クラブ　club
- 誕生パーティー　birthday party
- 済む　finish, be over
- 乗り込む　get in (a car)
- 帰宅する　go home
- そこへ　then
- カメラマン　photographer
- そば　near
- 注文をつける　request
- 向ける　point
- 表情　expression (gesture)
- 応じる　react

文章の型
- 語句　words and phrases
- 本文　text
- できごと　event
- 起こる　happen, occur, take place

Q & A
- 写す　take a photo of

Grammar Notes
- 起きる　happen, occur, take place
- 約〜　about 〜
- ゲート　gate
- ブザー　buzzer
- 鳴る　sound, ring

練習
- 謝る　apologize
- 〜校　(counter for schools)
- 画家　painter
- 作品　work of art

ことばのネットワーク
- 下線　underline
- 引く　draw (a line)
- 適当な　appropriate
- 記念写真　commemorative photo
- 好み　(customer's) taste
- 応える　respond to
- 自信　confidence
- モデル　model
- 夕食　dinner
- 朝食　breakfast
- 〜泊　(counter for nights stay)
- 満員　full (of train, etc.)
- 旅行者　traveler, tourist
- 助ける　save, rescue
- 駆け込む　run into
- 吸い込む　suck up
- 入り込む　get into
- 飛び込む　jump into
- 一部　part
- 表す　show
- 首　neck
- 回る　turn round, rotate
- うまさ　skill
- コーチ　coach
- 巻く　roll up

遠足 excursion, hike
棒 stick, pole
悪口 bad-mouthing, criticism
怒る get angry, be offended
感心する be impressed by

書いてみよう
写る be shown (in photo)
丁寧体 polite style
文章 sentences

話し合ってみよう
意地悪な ill-tempered, spiteful
明るい cheerful, spirited
おとなしい gentle, quiet
気が強い stubborn, strong-willed
ニコニコする smile
グループ group
分かれる divide into
話し合う discuss, talk with each other

第2課 わたしと小鳥とすずと
読むまえに
示す indicate
洋服 clothes
喜ぶ be delighted, glad
とぶ fly

本文
小鳥 little bird
すず bell
両手 both arms
ひろげる spread, extend
ちっとも〜ない not 〜 at all
地面 ground
ゆする shake

文章の型
書き入れる write in, fill in

Q & A
記号 symbol (letter)
文 sentence
詩 poem
内容 content
作者 author, writer, poet

Grammar Notes
苦手 don't like so much
マヨネーズ mayonnaise

練習
このあたり around here
縦書き vertical writing
氷 ice
バッグ bag
伝統的な traditional

ことばのネットワーク
関係 relationship
動詞 verb
目覚まし時計 alarm clock
ひざ knee
ラジオ体操 exercises on the radio
回す turn
腕 arm
伸ばす stretch, increase
曲げる bend
両足 both legs
全身 whole body
ねじる twist
倒す bend (forwards/backwards)
仲間 group
分ける divide into

3

書いてみよう
- 表　table, chart
- 折り紙　paper folding
- 友人　friend
- それぞれ　each, respectively
- ところ　point
- ～たち　(suffix indicating plural number of people)
- 普通体　plain style
- どんなに～ても　no matter how much ～
- ギター　guitar

話し合ってみよう
- 活気　vigor, energy
- 雨季　rainy season
- 乾季　dry season
- 湿度　humidity
- 気候　climate
- 豊か　abundant, plentiful
- 農業　agriculture, farming
- 商業　commerce
- 工業　(manufacturing) industry
- 盛ん　prosperous, flourishing

第3課　ロボットの始まりは
本文
- 作家　author, writer
- 戯曲　drama, play
- 登場する　appear
- 描く　depict
- ～型　～ type, ～ form
- 人間　man, human being
- 代わる　take the place (of)
- 労働　labor
- 存在　existence
- パートナー　partner
- イメージ　image
- 定着する　come to stay, be established
- このような　such, like this
- 外観　outward appearance
- 動作　action, behavior
- 模倣する　imitate
- 作り手　maker
- 対象　object
- 一般の　ordinary
- 人々　people
- エンターテイメント　entertainment
- 好奇　curiosity
- スポンサー　sponsor
- 観客　spectator, audience
- 手段　means
- まねる　imitate
- 疑似人間　humanoid

文章の型
- 空く　be blank, unoccupied
- 誕生　birth
- 種類　kind, sort
- 結論　conclusion

Q & A
- 代わりに　instead of

Grammar Notes
- 外人　foreigner
- おととし　the year before last
- 技術　technology
- SF　SF, science fiction
- 現実化する　come true
- 計画　plan
- 人生　(human) life
- 調査　investigation, research
- 運転手　driver

ハンドル　steering wheel
ミス　mistake, error
もともと　originally

練習
夏休み　summer vacation
看護師　nurse
介護士　care worker
利用者　user
代表　representative
付き合う　associate (with), keep company (with)
発達　development, advancement
大雨　heavy rain
クラスメート　classmate
離れる　be apart (from)
暮らす　live
最も　the most
夫婦　husband and wife, married couple
なくてはならない　indispensable
責任　responsibility
理由　reason

ことばのネットワーク
助詞　particle
当時　in those days
校長　principal
副校長　deputy principal
退職　retirement
大人　adult, grownup
成長する　grow up
週〜　〜 per week
〜以内　within 〜
火星　Mars
洋風　Western-style
和風　Japanese-style
取り入れる　adopt, incorporate
舞台　stage

出演する　appear (on a stage)
全員　all members
出て来る　appear
ユーザー　user
新車　new car
開発　development
ともに　together
最高　the best
印象　impression
提供者　sponsor, provider
挑戦　challenge
娯楽　amusement, entertainment

書いてみよう
オリンピック　Olympics
開催する　hold (event)
企業　corporation, company, business
競技者　contestant, athlete, player
記録　record
貢献する　contribute
国家　nation, state
宣伝する　advertise
提唱する　propose
都市　city, town
目標　aim, goal
現在　present
古代　ancient
〜地方　〜 district
宗教行事　religious event
近代　modern
流れ　context
〜にそって　according to 〜

話し合ってみよう
聞きかえす　ask to repeat
表現　expression

第4課　写真好きの日本人は、なぜ家族の写真を職場に飾らないのか

読むまえに
職場　one's place of work

本文
親　parent

おそらく　probably, perhaps

多くの　many

仕事場　one's place of work

大好き　like very much

デスク　desk

不思議　strange, odd

欧米　the West

アジア　Asia

愛犬　one's pet dog

普通　usual, common

彼ら　they

〜につきる　be thoroughly expressed by 〜

個人　individual

スペース　space

快適な　comfortable

空間　space

当たり前　natural

プライベート　private

上司　one's superior, one's boss

たまる　accumulate, build up

ホッとする　feel relieved

だから　so, that's why ...

こいつ　this person

文章の型
筆者　writer

事実　fact

予想　expectation, anticipation

疑問　question

Q & A
個人的な　personal

Grammar Notes
通学する　go to school

読書　reading books

遊園地　amusement park

土日　Saturday and Sunday

激しく　heavily (of rain)

得意　be good at

うわさ　rumor

練習
やっぱり　as (one) expected

似る　look like, resemble

観光する　go sightseeing

何度も　many times

秘密　secret

蒸し暑い　humid

男性　male, man

キャビンアテンダント　cabin attendant

だけど　but

態度　attitude

従う　obey, follow

ことばのネットワーク
天井　ceiling

鳥かご　birdcage

段ボール　corrugated cardboard

床　floor

カーペット　carpet

敷く　spread, lay out

積む　pile up

つるす　hang

どちらかと言えば　if anything

性格　character, personality

次から次へと　one after another

追われる　up to eyes in (work)
うつ病　depression, melancholia
汗を流す　sweat
睡眠をとる　get sleep
発散する　get rid of
感じる　feel
減らす　reduce, decrease
故郷　one's hometown
カッとなる　fly into a rage, lose one's temper
普段　usually
胸　chest
スッとする　feel refreshed
夢を見る　dream, have a dream
ハッとする　be startled
目が覚める　wake up, be awake
美人　beautiful woman, beauty
ムッとする　be sullen, be offended
晴れ晴れする　feel cheerful
不満に　dissatisfied

書いてみよう
理解する　understand
見習う　follow someone's example
行動　action, behavior
スマートフォン　smartphone
お辞儀　bow
そういう　such

話し合ってみよう
求める　ask for, request
ペア　pair
〜んじゃないか　isn't it probably so that 〜？
〜んじゃないでしょうか　isn't it perhaps so that 〜？
同意する　agree (with)

第5課　どのくらい待たされるとイライラしますか

読むまえに
グラフ　graph
総合病院　general hospital
イライラ　irritation
％　percent
〜超　more than 〜, over 〜
金融機関　financial institution

本文
株式会社　Co., Ltd.
日常　daily
さまざまな　various, diverse
シーン　situation
待ち時間　waiting time
全国　all over the country
ビジネスパーソン　office worker, company employee
〜代　(age range (e.g. 20s))
〜を対象に　targeting 〜
同様　the same as, similar to
実施する　carry out
今回　this time
結果　result, outcome
比較　comparison
加える　add
以下　the following
概要　outline, summary
期間　period of time
〜による　by means of 〜, by 〜
ある程度　to some extent
覚悟する　prepare oneself
全体　whole
次いで　followed by, next
各数値合計　total of individual results

〜割 10s of percent
比べる compare
〜度 〜 degree
緩和する decrease, diminish
行列 line
トップ top, first
順 order
気長 patient

文章の型
数字 number, figure

Q & A
全体的に overall

Grammar Notes
選手 player, athlete
国民 people, nation
税金 tax
食器 tableware, dishes
強いる force
照らし合わせる check against
有料 paid
カバー cover
印刷する copy, print
原稿 document
閉じる close
枚数 number of copies
フルート flute
吹く play, blow
ノーベル賞 Nobel prize
受賞する win a prize
犯人 culprit, criminal
ベル bell, chime

練習
納豆 natto (fermented soybeans)
残す leave

むりやり by force
発売する put on sale
順番に in turn
好きでもないのに even though they don't like
かわいそう poor, pitiful
ながめ view
交通費 commuting allowance
出す（交通費を） pay, provide
同窓会 class reunion
つなぐ connect
サインする sign
鉄 steel, iron
フライパン frying pan
熱する heat up
強火 high flame, high heat
用法 usage
就職活動 job hunting
梅雨 rainy season
入る come into, enter

ことばのネットワーク
アンケート questionnaire
インタビュー interview
合計する sum up
過去 past
点 point
異なる be different
述べる describe
集計する total
決定する decide, determine
人間関係 human relationships
断る decline, refuse
プロポーズする propose, ask to marry
朝夕 morning and evening
診察する examine

どのような　what kind of
通勤　commuting
ころぶ　fall, tumble
父親　father
何も言えず　speechless, remain silent
腹が立つ　get angry, be beside one's self with anger
ハラハラする　feel uneasy
ムカムカする　be angry, feel offended
オドオドする　tremble with fear, be timid
ドキドキする　(heart) beats fast/throbs
ワクワクする　be excited with expectation
読み書き　reading and writing
教科書　textbook
中級レベル　intermediate level
同時　same time
報告書　report
〜ページ　(counter for pages)
ランチ　lunch
通行　traffic
順番　turn (to do something)
気短　impatient

書いてみよう
役所　government office

話し合ってみよう
限る　limit
ペース　pace
有効な　effective
多く　most (of)
計画を立てる　make a plan
都会　city, town
場面　situation
気にする　be concerned (about)

第6課　妖怪ブームが根強いのはなぜ？

読むまえに
妖怪　monster
お化け　phantom, ghost
姿　form
出る　haunt
グッズ　goods

本文
ブーム　boom, fad
根強い　deep-rooted
周期的に　cyclically, periodically
訪れる　come
販売　sale, selling
ベース　based
戦略　strategy
部分　part
前提　precondition
消費者　consumer
潜在的な　latent
需要　demand
常に　always, all the time
恐怖　fear
〜心　feeling
刺激する　stimulate
あるいは　or
驚く　be surprised, be frightened
サスペンス性　suspense
自体　itself
消費する　consume
〜以前　before 〜
まったくの　indeed
絵空事　pipe dream, castles in the air
物語　story, tale
魅力　charm
隣り合わせ　close (to)

リアリティ　reality
時代（じだい）　age, period
様式（ようしき）　style
進歩（しんぽ）　progress
合（あ）わせる　fit (to), match
自在（じざい）に　freely, at will
者（もの）　person
すぐ　right, very
存在感（そんざいかん）　presence
与（あた）える　give, provide
たとえば　for example
女性客（じょせいきゃく）　female customer
いつのまにか　without one's noticing
消（き）える　disappear
シート　seat
ぐっしょりと　soaked
幽霊（ゆうれい）　ghost
明治時代（めいじじだい）　Meiji era
乗車（じょうしゃ）する　ride on
なんと　none other than
人力車（じんりきしゃ）　jinrikisha, rickshaw
謎（なぞ）の　mysterious
乗客（じょうきゃく）　passenger
飽（あ）きる　get fed up with
脅（おど）かす　startle, frighten
～続（つづ）ける　continue to ～
不安（ふあん）　anxiety, worry
投影（とうえい）する　project
どれほど～ても　no matter how ～
また　also
どれだけ　how much, how long, how many
遠（とお）ざかる　fade away in the distance
振（ふ）り向（む）く　turn toward, look back
影（かげ）　shadow
付（つ）いて来（く）る　follow

文章（ぶんしょう）の型（かた）
下線部（かせんぶ）　underlined part
箇所（かしょ）　place
主張（しゅちょう）　statement
根拠（こんきょ）　grounds, evidence
現代（げんだい）　present age, today

Q & A
欲求（よっきゅう）　desire
いつの時代（じだい）も　in every age
適切（てきせつ）な　appropriate
ともなう　be accompanied (by)
無関係（むかんけい）の　unrelated

Grammar Notes
最初（さいしょ）　in the beginning
高価（こうか）な　expensive

練習（れんしゅう）
島国（しまぐに）　island country
首都（しゅと）　capital city
鳴（な）き声（ごえ）　bird sound (cawing)
まるで　as if ...
カラス　crow
江戸時代（えどじだい）　Edo era
交流（こうりゅう）　exchange
火山（かざん）　volcano
～ため　because ～
学生証（がくせいしょう）　student identification card
～くらい／ぐらい　just because of a
欠席（けっせき）する　be absent
ルール　rule
～（に）まで　even by ～
最後（さいご）　(to the) end
黙（だま）って見（み）る　watch without saying anything
うまく　well
今（いま）になって　now that

後悔する　regret

ことばのネットワーク
休日　holiday, day off
若者　young person, young people
高校時代　high school days
面接官　interviewer
指　finger
商品　item, product
供給　supply
生産　production
追い付く　keep up with
売り上げ　sales
侵略　aggression, invasion
衣・食・住　food, clothing, and shelter
形式　format, form
地域　region, district
殺人事件　murder case
一時的　temporary
常識的な　commonly perceived
意識　consciousness
シートベルト　seatbelt
乗り過ごす　forget to get off
節約する　economize
購入する　purchase
貯まる　be saved
宝くじ　public lottery
当たる　win
現れる　appear
驚かす　surprise, frighten

書いてみよう
日本食　Japanese food
現象　phenomenon
話題　topic
提示　describe, present
背景　background

例示　(giving) examples

話し合ってみよう
聞き取る　follow/catch what a person says
どんどん　rapidly, steadily
感想　impression

第7課　"想定外"の地震だった？

読むまえに
マグニチュード　magnitude
〜沖　off 〜
東北地方　Tohoku District
太平洋　Pacific
およそ　about
経つ　pass, go by

本文
想定外　unforeseen
未曽有の　unprecedented, unheard-of
大地震　big earthquake
いまだかつてあらず　there has never been
しかし　but, however
規模　scale
〜以降　from 〜 onwards
遠地　remote
災害　disaster, calamity
もたらす　bring about, cause
観測　observation, measurement
史上　in history
最大　the biggest
大津波　giant tidal wave
〜番目　(ranking (ex. 4th))
営み　workings
超〜　ultra 〜
巨大　huge, enormous
発生　occurrence

ごく　quite
別の　another
〜不足　lack, shortage
たどる　pass through
長大な　tremendous amount
あまりにも　too
解析　analysis
進める　proceed with, go ahead with
ほんの　just, merely
一瞬　an instant
あいだ　during
成果　result, achievement
あげる　produce
防災　protection against disasters
〜上　in 〜, regarding 〜
果たす　fulfill, accomplish, achieve
時間的に　temporally
空間的に　spatially
さらに　still more
大規模な　large-scale
測る　predict

文章の型
接続語句　conjunctive words and phrases

Q & A
非常に　very, extremely
〜うちに　within 〜
被害　damage
予測する　forecast, predict, project

Grammar Notes
熱心に　earnestly
運　luck
監督　director
深い　profound, deep
事件　matter, affair

怒り　anger
奨学金　scholarship
一般的に　generally
女性　female, woman
トーン　tone
日本海　Sea of Japan
晴れ　sunny
スリッパ　slipper
たった　only, just
性能　performance
場所　site, location
小学生　elementary school student

練習
高校生　high school student
大学生　college student
責任感　sense of responsibility
前向きな　positive, forward-looking
姿勢　attitude
苦情　complaint
これまで　so far
食品　food
〜種類　(counter for kinds)
わがまま　self-centeredness, selfishness
飼い主　pet owner
何かと　somehow or other
あくび　yawn
将棋　shogi, Japanese chess
プロ　professional
年齢　age
失礼　impolite, rude
時給　hourly wage
ダイヤモンド　diamond
光る　shine, glitter, sparkle
許す　forgive, excuse
アンケート用紙　questionnaire

どうしても　absolutely
確（たし）か　certain, sure
得（え）る　obtain

ことばのネットワーク
温暖化（おんだんか）　global warming
影響（えいきょう）　influence, effect
〜により　owing to 〜, by 〜
公害（こうがい）　pollution
仮定（かてい）　supposition
海水（かいすい）　seawater
揺（ゆ）れる　shake, sway
頂上（ちょうじょう）　top, summit
天候（てんこう）　weather
変化（へんか）　change
備（そな）える　prepare for
防止（ぼうし）　prevention
訓練（くんれん）　training
強風（きょうふう）　strong wind
氾濫（はんらん）する　flood
人類（じんるい）　mankind, human race
進化（しんか）する　evolve
治療（ちりょう）　medical treatment
新薬（しんやく）　new medicine
予算（よさん）　budget
増（ふ）やす　increase, add to
南極（なんきょく）　South Pole
政府（せいふ）　government
対応（たいおう）　response, correspondence
助（たす）け合（あ）う　help each other
一生（いっしょう）　lifetime
バージョンアップする　upgrade

書いてみよう
偉大（いだい）な　great, remarkable
非力（ひりき）さ　helplessness
防（ふせ）ぐ　prevent

パトロールする　patrol
科学者（かがくしゃ）　scientist
ハリケーン　hurricane
竜巻（たつまき）　whirlwind, tornado
洪水（こうずい）　flood
干（かん）ばつ　drought
雪崩（なだれ）　snow slide, avalanche
噴火（ふんか）　eruption

話し合ってみよう
話（はな）し合（あ）い　discussion, meeting
司会（しかい）(者（しゃ）)　emcee, chairperson
そろそろ　be about (time to)
指名（しめい）する　call on

第8課（だいかか）　クジラと日本人（にほんじん）

読（よ）むまえに
連想（れんそう）する　associate (with)
賢（かし）い　smart, clever, wise
神様（かみさま）　god
乳（ちち）　milk

これら　these

本文（ほんぶん）
クジラ　whale
親（した）しむ　be familiar with
貴重（きちょう）な　precious, valuable
タンパク源（げん）　protein source
守（まも）る　uphold, maintain
油（あぶら）　oil
捕（と）る　catch
知能（ちのう）　intelligence, intellect
民族（みんぞく）　people, nation
非難（ひなん）する　criticize, blame, censure
捕鯨（ほげい）　whaling, whale hunting
哺乳類（ほにゅうるい）　mammals

13

魚類 fish
一度に at one time
〜頭 (counter for cows, horses, etc.)
産む lay, give birth to
何千 thousands
何万 tens of thousands
いっしょにはできない can't treat in the same way
生物資源 biological resources
基本的に basicically
禁止 prohibition
科学的 scientific
このように thus, in this way
感情 sentiment, emotion
国際問題 international problem, international issue
絡む be involved

文章の型
型 form
とらえる catch, capture, perceive

Q & A
生き物 living creature
関する on, about

Grammar Notes
スケート skating
迷惑をかける cause trouble for
苦しい painful, hard to bear
消費税 consumption tax, VAT
タイプ type
〜ドル 〜 dollar(s)
景気 economic condition, business
満室 no vacancies, full

練習
年配 elderly, senior

統計 statistics
高齢者 aged person (people)
関東地方 Kanto district
見合わせる postpone
公務員 civil servant
期待する expect
安定する be/become stable
収入 income
送る live, spend
華やかな gorgeous, glamorous
就く get (a job)
職業 occupation
上位 higher ranking
挙げる cite, raise
倍率 competitiveness
〜向け for 〜, targeted at 〜
予備校 cramming school

ことばのネットワーク
〜会 society, association
森 forest
開催地 site of event
欠点 fault
行い behavior
反省する reflect on
原発 nuclear power generation
建設 construction, building
進む proceed with
学ぶ learn
知識 knowledge
応用する apply
発展する develop
体長 height, body length
体重 (body) weight
体力 physical strength
知力 intellect

博物館 museum
江戸 Edo
重体 seriously ill
重度 seriousness
展示する display, exhibit
オペラ opera
悲しみ sorrow
こめる put into
演技する act, perform

書いてみよう
継続する continue
食文化 dietary culture
感情的な emotional, sentimental
習慣的な customary
イルカ dolphin
牛 cow, bull
冷静 calm
立場 viewpoint, standpoint
否定する deny

話し合ってみよう
提案する propose, suggest
～ことにしましょう let's say ～
発表者 presenter
～内 in ～, within ～
報告する report

第9課　サルの視力検査

読むまえに
視力 eyesight
検査 test, exam

本文
一般に generally
知覚 sensory
能力 ability

条件づけ conditioning
学習 learning
のぞき穴 peephole
スクリーン screen
しま stripe
～以外 except ～
すべて all of
灰色 grey
パターン pattern
手もと at hand
反応する react
具体的に specifically, concretely
課題 subject, theme, problem, task
粗い rough
近づく approach
でたらめに at random
こういう such as this, this kind of
測定する measure
同じような similar
色覚 color perception
機能 function
低下する become lower, deteriorate
識別 distinction, identification
ほぼ almost
一致する coincide (with), match

文章の型
装置 device, equipment
各 each

Q & A
たたく clap
決まる be decided, be settled
順序 order

Grammar Notes
参考文献 reference literature

時(とき)は金(かね)なり　Time is money.
上(あ)がる　go up
お願(ねが)いする　ask, request
豆(まめ)　bean
道理(どうり)で　no wonder
ということは　in short, in other words
虫(むし)　insect, bug

練習(れんしゅう)
医学部(いがくぶ)　department of medicine
工学部(こうがくぶ)　department of engineering
専門(せんもん)　specialty
任(まか)せる　entrust
コアラ　koala
入場料(にゅうじょうりょう)　entrance fee
曜日(ようび)　day of week
ツアーガイド　tour guide
調味料(ちょうみりょう)　seasoning
店員(てんいん)　shop assistant, salesperson
通路(つうろ)　aisle
傷口(きずぐち)　wound
薬局(やっきょく)　pharmacy
〜たびに　every time when 〜
キムチ　kimchi
〜らしい　be told that 〜, heard that 〜
夫妻(ふさい)　husband and wife, married couple
参加者(さんかしゃ)　participant
最初(さいしょ)の　original
あまる　be left
山道(やまみち)　mountain road
以前(いぜん)　previously, past
あこがれ　longing
ビーフステーキ　steak
努力(どりょく)　effort
ヘビ　snake
爬虫類(はちゅうるい)　reptiles

子育(こそだ)て　raise offspring
ワニ　crocodile, alligator
巣(す)　lair, nest
水辺(みずべ)　waterside, shore
敵(てき)　enemy
思(おも)い込(こ)む　assume, have no doubt that
王様(おうさま)　king
母親(ははおや)　mother

ことばのネットワーク
受験(じゅけん)　take examination
体験(たいけん)　experience
議論(ぎろん)　discussion, dispute
理論(りろん)　theory
討論(とうろん)　discussion, debate
技能(ぎのう)　skill
規則的(きそくてき)　regular
抽象的(ちゅうしょうてき)　abstract
望遠鏡(ぼうえんきょう)　telescope
想定(そうてい)する　suppose
消火器(しょうかき)　fire extinguisher
昨年(さくねん)　last year
のぞく　look through
解決(かいけつ)する　settle, solve
わからないままに　not knowing
程度(ていど)　level, degree
記憶(きおく)する　remember, memorize
好(す)きなようにする　do as a person likes
ほうび　reward
罰(ばつ)　punishment
見分(みわ)ける　distinguish from, tell apart

書(か)いてみよう
明(あき)らかにする　clarify
検討(けんとう)する　examine, consider
設置(せっち)する　install
設定(せってい)する　set up (a password)

立てる establish (a hypothesis)
分析する analyze
パスワード password
仮説 hypothesis
防犯カメラ security camera
特徴 feature, characteristic
または or

話し合ってみよう
テーマ theme
終える finish

第10課 子どもの絵
本文
〜年代 decade
書物 book
方面 field, area, direction
古典的な classical
評価する evaluate
不完全な incomplete
両側 both sides
砂場 sandbox
みな all, everyone
寝ころがる lie (down)
ある種の a certain kind of
論理 logic
重要な important
視覚 sense of sight, eyesight, vision
典型的に typical
視点 viewpoint
〜中心で centered on 〜
別な another
正面 front
くっつく be attached to, adhere to
奇妙な strange, odd
実際に actually

確実 certain, sure
傾向 tendency
車輪 wheel
どうしてかというと It's because ...

文章の型
雪合戦 snowball fight

Q & A
記入する enter
基準 standard, criterion

Grammar Notes
携帯電話 mobile phone
耐える endure, bear
生きる live
ピンク pink
心 heart
メンバー member
〜年間 for 〜 year(s)

練習
長時間 for many hours
睡眠不足 lack of sleep
アドバイスする advise
囲む encircle, surround
苦労 hardship
悩み worry
まったく〜ない no 〜 at all
世の中 world (around us)
一人も〜ない no one (not even one 〜)
チェス chess
食後 after eating
金・土・日 Friday, Saturday and Sunday
週休〜日 〜 days off a week
勤務 working, duty
虹 rainbow
〜色 (counter for colors)

なるほど　I see.

ことばのネットワーク
預ける　deposit
選挙　election
当選　successful election
建築　architecture
柄　pattern
自由　freedom
常識　common sense
公開　open to public, release, publish
関心　concern, interest
完成　completion
成年　adult
ソファー　sofa
晩年　one's later years
底　bottom, sole
書店　bookstore
実証的に　demonstratively, empirically

書いてみよう
現代的な　modern
生き生きする　be full of life
落ち着く　calm (down)
リアルな　real
誇張する　exaggerate
似合う　look good (with), suit someone
苦しむ　suffer
雰囲気　atmosphere
〜ぶりに　for the first time in 〜
草　grass
動き　movement
共通点　common point

話し合ってみよう
満足　satisfaction
本番　actual performance

マイク　microphone
途中で　midway through, in the middle of
おしゃべりする　chat
日本語力　Japanese ability

解答

第1課　舌を出したアインシュタイン

読むまえに

1．アインシュタイン

文章の型

1．

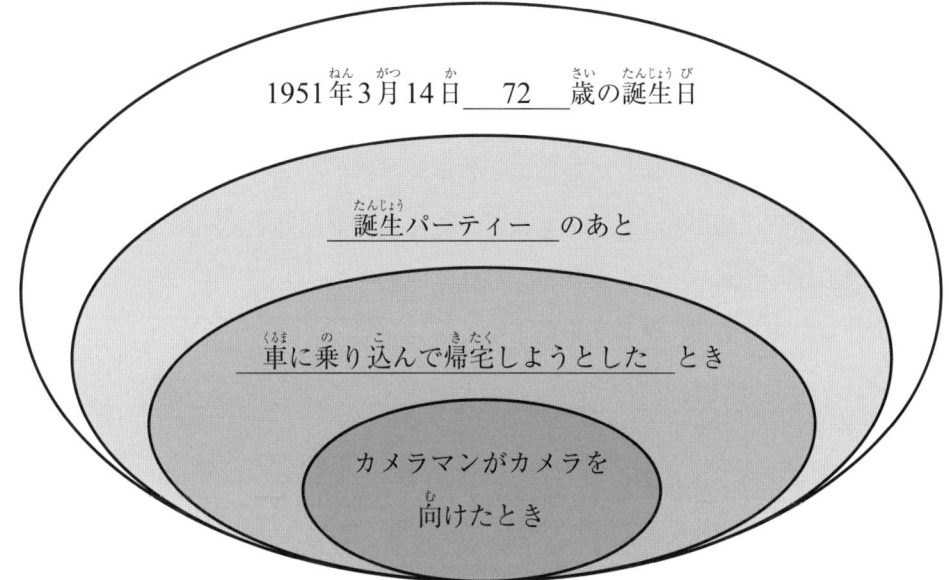

- 1951年3月14日　**72**歳の誕生日
  - **誕生パーティー**のあと
    - **車に乗り込んで帰宅しようとした**とき
      - カメラマンがカメラを向けたとき

2．

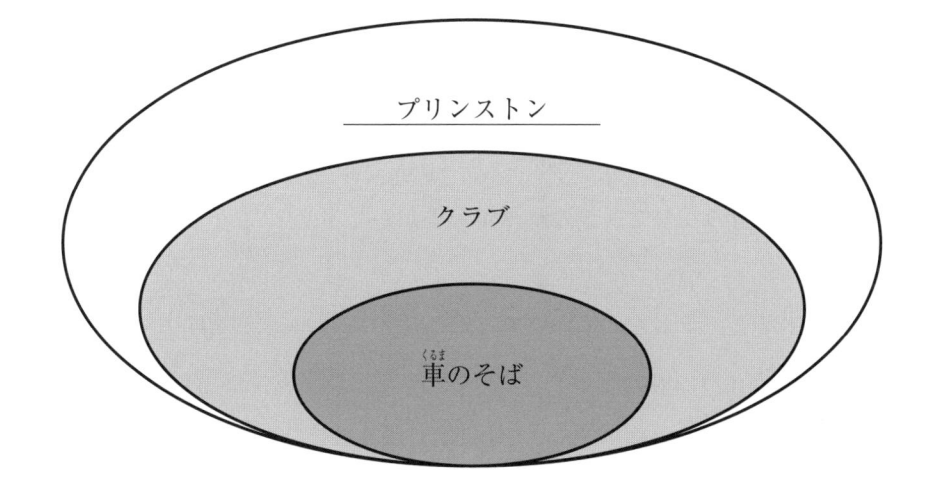

- プリンストン
  - クラブ
    - 車のそば

Q & A

1. a．3月14日です。
   b．72歳でした。
   c．プリンストンのクラブで行われました。
   d．[1951年3月14日、プリンストンのクラブで] 誕生パーティーのあと、車に乗り込んで帰宅しようとしたときに、車のそばで撮られました。
2. d
3. d

練習

1．(解答例)
   1) 作文を出したあと、漢字の間違いに気がつきました。
   2) 授業が終わったあと、友達の家へ遊びに行きます。
   3) お酒を飲んだあと、車の運転をしてはいけません。
   4) 子どもが寝たあと、テレビを見ます。
2．(解答例)
   1) 友達が遊びに来たとき、私はちょうど晩ご飯を食べようとしていた。
   2) 私が勉強をしようとすると、いつも弟がじゃまをする。
   3) 部屋をかたづけようとしても、なかなかうまくいかない。
   4) 昨日のことを彼女に謝ろうとしたが、会ってくれなかった。
3．(解答例)
   1) アルバイト代の5万円のうちから、3万円を食費に使います。
   2) 入学試験を受けた4校のうちで、2校に合格しました。
   3) 昨日のパーティーに来た10人のうちの3人が男性でした。
   4) 今年見た映画のうちで、この映画が一番おもしろかった。
4．(解答例)
   1) 授業を休んでいる王さんについて友達に聞いたところ、病気で入院していることがわかった。
   2) スーパーへ買い物に行ったところ、駐車場がいっぱいで入れなかった。
   3) ジョンさんを映画に誘ったところ、断られてしまった。
   4) 田中さんに古い自転車をあげたところ、とても喜ばれた。

ことばのネットワーク

1．1）行う　2）帰宅する　3）済んだ　4）応じて
2．1）つけて　2）つけ　3）つき　4）つけ　5）ついて
3．1）吸い込む　2）駆け込んだ　3）乗り込んで　4）申し込んで　5）飛び込んで
4．1）目・忙しい　2）舌・感心する　3）足・疲れる　4）手・手伝う
　　5）頭・怒る

書いてみよう

1．1）2010年［の］7月7日に　2）4年前の春［に］　3）「乾杯」と言った

話し合ってみよう

1．1）c　2）a　3）f　4）g　5）d　6）e　7）b

第2課　わたしと小鳥とすずと

読むまえに

2．（洋服箪笥）→洋服を入れる　　（花瓶・花）→見る人を喜ばせる
　（メモ帳・ペン）→メモする　　（小鳥）→空をとぶ
　（掃除機）→部屋をきれいにする

文章の型

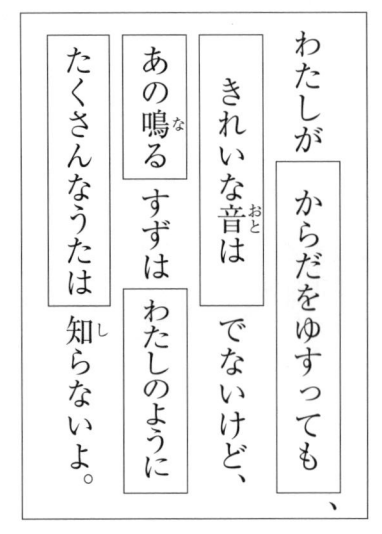

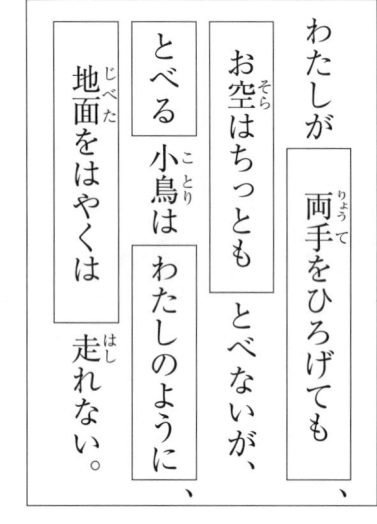

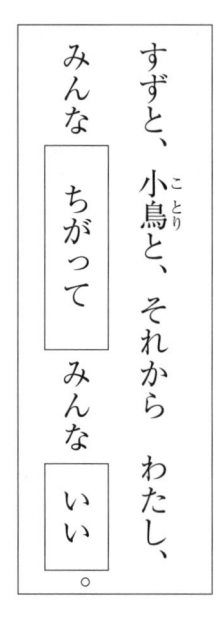

わたしが　両手をひろげても、
お空はちっとも　とべないが、
とべる　小鳥は　わたしのように、
地面をはやくは　走れない。

わたしが　からだをゆすっても、
きれいな音は　でないけど、
あの鳴る　すずは　わたしのように
たくさんなうたは　知らないよ。

すずと、小鳥と、それから　わたし、
みんな　ちがって　みんな　いい。

Q & A

1.

	できる	できない
わたし	b	a
小鳥	a	b
わたし	c	d
すず	d	c

2. c

3. わたし：地面をはやく走れるから。たくさんうたを知っているから。

   小鳥：空をとべるから。

   すず：きれいな音がだせるから。

4. 第3連（最後の2行）

練習

1.（解答例）

   1）B：<u>この近くにはありませんが、駅前にはあります。</u>

   2）B：<u>はやくは書けますが、上手には書けません。</u>

   3）B：<u>だいたいは終わりましたが、全部は終わっていません。</u>

2.（解答例）

   1）このバッグは<u>りんごのようなおもしろい形</u>です。

   2）<u>息子がベッドで死んだように眠っている。</u>

   3）このホテルの窓から<u>絵はがきのような景色</u>が見える。

   4）子ども→<u>鈴木さんが子どものように泣いている。</u>

   5）東京→<u>この町は東京のように交通が便利だ。</u>

3.（解答例）

   1）医者のように、人を助ける仕事がしたいです。
      医者のような人を助ける仕事がしたいです。

   2）京都のように、古いものがたくさん残っている町に住みたいです。
      京都のような古いものがたくさん残っている町に住みたいです。

   3）スリービートラベルのように、大きな旅行会社で働きたいです。
      スリービートラベルのような大きな旅行会社で働きたいです。

4．（解答例）
1）子どものときみたいに、暗くなるまで外で遊びたい。
2）田中先生みたいに、上手にピアノを弾きたい。
3）チョコレートみたいな甘いお菓子が好きです。

ことばのネットワーク

1．1）鳴る　2）とぶ　3）ひろげる
2．1）子　2）人　3）赤　4）苦
3．1）g　2）c　3）a　4）f　5）e　6）d
4．

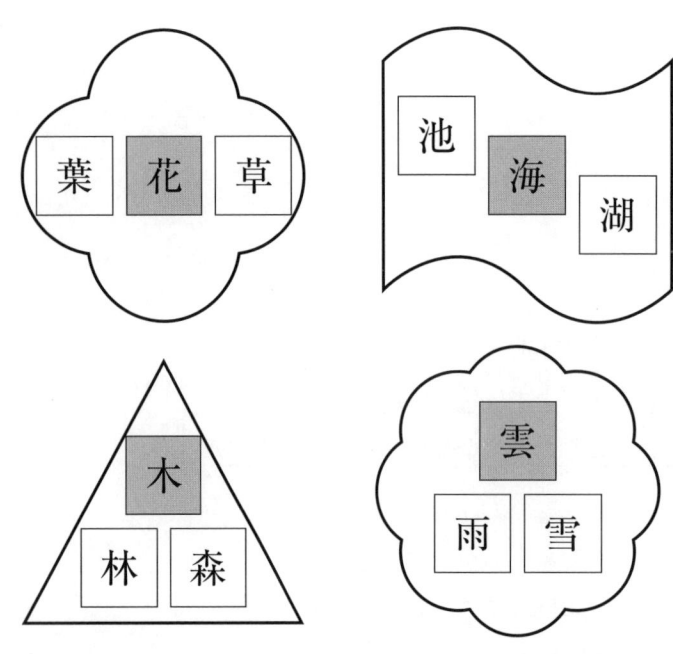

葉　花　草

池　海　湖

木
林　森

雲
雨　雪

第3課　ロボットの始まりは

読むまえに
2．（解答例）
　（ア）掃除をする
　（イ）ホテルの受付をする
　（ウ）会話をする

文章の型
ロボットの始まりについて

国	チェコスロバキア	日本
誕生	1920年	1951年
作者	カレル・チャペック	手塚治虫
作品	戯曲	『鉄腕アトム』
種類	ヒト型のロボット	ヒト型ロボット
イメージ	人間に代わって労働をする存在	人間のパートナー

ロボットとは

作り手	一般の人々	スポンサー
興味とチャレンジの対象	エンターテイメントと好奇の対象	大勢の観客を集めて楽しませる手段

結論
ロボットの始まり：＿＿ヒトの外観や動作＿＿を模倣すること

　　　　　　　　＝＿＿ヒト＿＿をまねること
　　　　　　　　＝＿＿"疑似人間"＿＿を作ること

Q & A

1. 1920年にチェコスロバキアの作家カレル・チャペックの戯曲で生まれました。／1920年にチェコスロバキアで生まれました。
2. a
3. b
4. c
5. c

練習

1. 1) B： いいえ、夏休みに行ったのは北海道です。
   2) B： いいえ、だめです。試験のとき使ってもいいのは鉛筆だけです。
   3) B： いいえ、[私が] 受けるのは介護士の試験です。
   4) B： いいえ、日本で一番利用者が多いのは新宿駅です。
2. 1) グループの代表として、意見を言おうと思います。
   2) 仕事をするための手段として、日本語を勉強しています。
   3) 友達として、彼と付き合いたいです。
3. （解答例）
   1) 医学の発達によって、難しい病気が治せるようになった／長生きする人が増えた。
   2) 大雨によって、電車が止まった／車が流された。
   3) クラスメートと日本語で話すことによって、日本語が上手になった／自分の日本語の誤りに気付くことができた。
   4) 両親と離れて暮らすことによって、親のありがたさがわかった／自分でいろいろな料理が作れるようになった。
4. （解答例）
   1) 夫婦にとって大切なのは愛だと思います。
   2) 子どもにとって一年で一番楽しい時はお正月／夏休みです。
   3) 日本語を勉強する人にとって、なくてはならないものは電子辞書です。
5. （解答例）
   1) あの人は私の父の弟です。つまり、私の叔父です。
   2) B： 人気があるのは、つまり、安くておいしいからでしょう。
   3) 毎日5キロ歩きます。つまり、1週間に35キロ歩きます。

4）その理由は、つまり、丁寧体はいつでも、どこでも、だれにでも使えるからです。

ことばのネットワーク
1．1）場　2）定　3）手　4）観
2．1）を・描いて　2）に・代わって　3）を・楽しんで　4）を・まね
3．1）労働　2）存在する　3）模倣した　4）外観　5）登場した
4．1）相手　2）印象　3）挑戦　4）娯楽　5）提供者

書いてみよう
1）国家　2）オリンピック・開催され　3）貢献する／貢献できる　4）競技者・記録
5）企業・スポンサー・宣伝する　6）都市　7）提唱して

話し合ってみよう
1．（解答例）
①速くて、よくわかりません。　㋐もう一度、言ってくださいませんか。
①速くて、よくわかりません。　㋒もっとゆっくり、言ってくださいませんか。
②声が小さくて、よくわかりません。　㋓もう少し大きい声で、言ってくださいませんか。
③ことばが難しくて、よくわかりません。　㋑簡単なことばで、言ってくださいませんか。

第4課　写真好きの日本人は、なぜ家族の写真を職場に飾らないのか

文章の型

＜筆者の質問＞

あなたは職場に　<u>家族の写真を飾って</u>　いますか。
働いているあなたの親や兄弟はどうですか。

〈日本人(筆者の考え)〉

おそらく多くの日本人は家族の写真を職場には　<u>飾っていない</u>　はず。

〈外国人(事実)〉

欧米はもちろん、アジアでも、自分の職場に妻や子供、愛犬の　<u>写真を置く</u>　のが　<u>普通</u>　だ。

〈職場に　<u>写真を飾らない</u>　理由〉

筆者の予想

「　<u>恥ずかしい</u>　」とか
「　<u>プライベートな写真</u>　を仕事場に出したくない」とかだろうか。

〈職場に写真を飾る理由〉

あるアメリカ人の説明

「自分の　<u>個人スペース</u>　なんだから、そこを快適な空間にすることは　<u>当たり前</u>　だろう」

あるカナダ人の意見

「上司に怒られてストレスがたまっても、机の上の妻の写真を見たら　<u>ホッとする</u>　。ストレスが　<u>減る</u>　」

〈筆者の疑問〉

妻の写真を見て、ストレスが　<u>増える</u>　ことないの？

<u>冷たい目</u>　で僕を見た。

Q&A

1. c
2. a

3．d
4．(解答例) 私の兄は職場に家族の写真を飾っています。友人にそうしている人が多いからだそうです。

練習

1．(解答例)
1) また失敗した。どうしてうまくいかないのか。
2) 山田さんにあさっての会議には必ず出席するように3回メールを送ったんだけど、返事がない。読んでいないのか。どうしたんだろう。
3) やっぱりそうか。二人は兄弟なのか。よく似ていると思っていたんだよ。
4) なぜ日本人はカレンダーをたくさん持っているのかわからない。

2．(解答例)
1) もし、お酒を飲んだのなら、ぜったいに車を運転してはいけません。
2) もし、会話の練習がそんなに嫌なのなら、日本語は上手になりませんよ。
3) ここは禁煙です。煙草を吸うのなら、あそこに喫煙室がありますよ。
4) 本当のことを知っているのなら、ぜひ教えてください。

3．1) 着いたら　2) 聞こえているのなら　3) 行くと

4．(解答例)
1) この町は人気があるので、駅の近くはもちろんですが、駅から遠い所［で］も家賃がとても高いです。
2) 今度のことは秘密にしてください。友達はもちろんですが、家族にも話していませんから。
3) このレストランは、味はもちろんですが、サービスもいいので、人気があります。
4) このマンガは子供にはもちろん、大人にも人気があります。

5．(解答例)
1) 電車で席が空いている。なのに、どうして座らない人たちがいるのだろうか。
2) キャビンアテンダントは厳しい仕事だ。それなのに、若い女性に人気がある。
3) キムさんは毎日一生懸命勉強していました。それなのに、合格できませんでした。
4) けんかの原因はジョンさんにあったんです。それなのに、ジョンさんは謝りません。

6．(解答例)
　　1) 母：　　まだ、咳が出ているでしょう？　薬、飲んだの？
　　2) 社員B：　行きたいな。だけど、いとこの結婚式があるの。
　　3) 子供：　　もう、5時だよ。お父さんに電話しなくていいの？
　　4) 友達A：　久しぶり！　引っ越したんでしょう。今、どこに住んでいるの？

7．1) 今年のスピーチコンテストは中止になるかもしれないという話を聞きました。
　　2) 妻は夫の意見に従わなければならないという考えは間違っています。
　　3) 寮の部屋に友達を入れてはいけないという規則は厳しすぎると思います。

ことばのネットワーク

1．1) 場　2) 愛　3) 快　4) 空
2．1) 飾って　2) つるして　3) 積んで　4) 置いて　5) 敷いて
3．1) を・感じる／感じた　2) が・たまって　3) に・なって　4) を・発散した
　　5) を・減らす
4．1) d　2) b　3) e　4) c

書いてみよう

1．1) 見習い　2) 不満な　3) 理解でき　4) 不思議に　5) すばらしい

第5課　どのくらい待たされるとイライラしますか

文章の型

シチズンホールディングス株式会社の調査

【概要】

目的：日常生活のさまざまなシーンでの「　待ち時間　」について調べる。
　　　　　　　　　　　　　　（「あなたは何分で　イライラ　しますか。」）
対象：全国の　ビジネスパーソン　　400 人（20代～50代）
期間：2013年4月4日～4月8日
方法：　インターネット　による調査

【結果】

1. 総合病院の待ち時間

    1時間　　34.0%
    45分　　13.8 %
    30分　　31.8 %
    15分　　5.0 %
    45分まで（=「15分」+「30分」+「45分」）50.6%
    45分まで 69.9 %（2003年の調査）
    →10年前に比べるとイライラ度は　緩和されている　。

2. 金融機関のATMの待ち時間

    10分　　29.3 %
    5分　　38.5 %
    3分　　23.5 %
    5分まで（「3分」+「5分」）62.0 %
    5分まで　73.1%（2003年の調査）
    →　気長になっている　。

Q&A
1. d 2. d 3. a 4. b
5. （解答例）2つの調査を比べると、ビジネスパーソンは全体的に気長になっていることがわかります。

練習
1. 1) 私は友達に1時間も待たされました／待たせられました。
   2) 私は母に嫌いな納豆を食べさせられました。
   3) 選手はコーチに厳しい練習をさせられました。
2. 1) 叱られ・食べさせられて　2) 書かされ・座らされ
   3) 習わせる・習わされる
3. 1) への　2) からの　3) までの　4) との
4. 1) 書類を確認し、サインした。
   2) このドアは鉄でできており、とても丈夫だ。
   3) フライパンを熱し、強火で肉を焼く。
5. 2) ○　3) ○
6. （解答例）1) 習い　2) 調べ　3) 増え　4) 咲き

ことばのネットワーク
1. 1) 実施する　2) 決定する　3) 集計した　4) 比較する　5) 述べる
2. 1) で・診察して　2) に／で・感じて　3) を・覚悟して　4) を・緩和する
   5) を・加えた
3. 1) ドキドキする　2) ワクワクする　3) ハラハラする　4) オドオドする
   5) ムカムカする
4. 1) 対象　2) 同様　3) 概要　4) 行列　5) 気長

話し合ってみよう
1. 1) 有効に　2) ペース・ゆっくり　3) 無駄に
   4) 追われる／追われて・イライラして　5) 気長に　6) 限られて

第6課　妖怪ブームが根強いのはなぜ？

文章の型

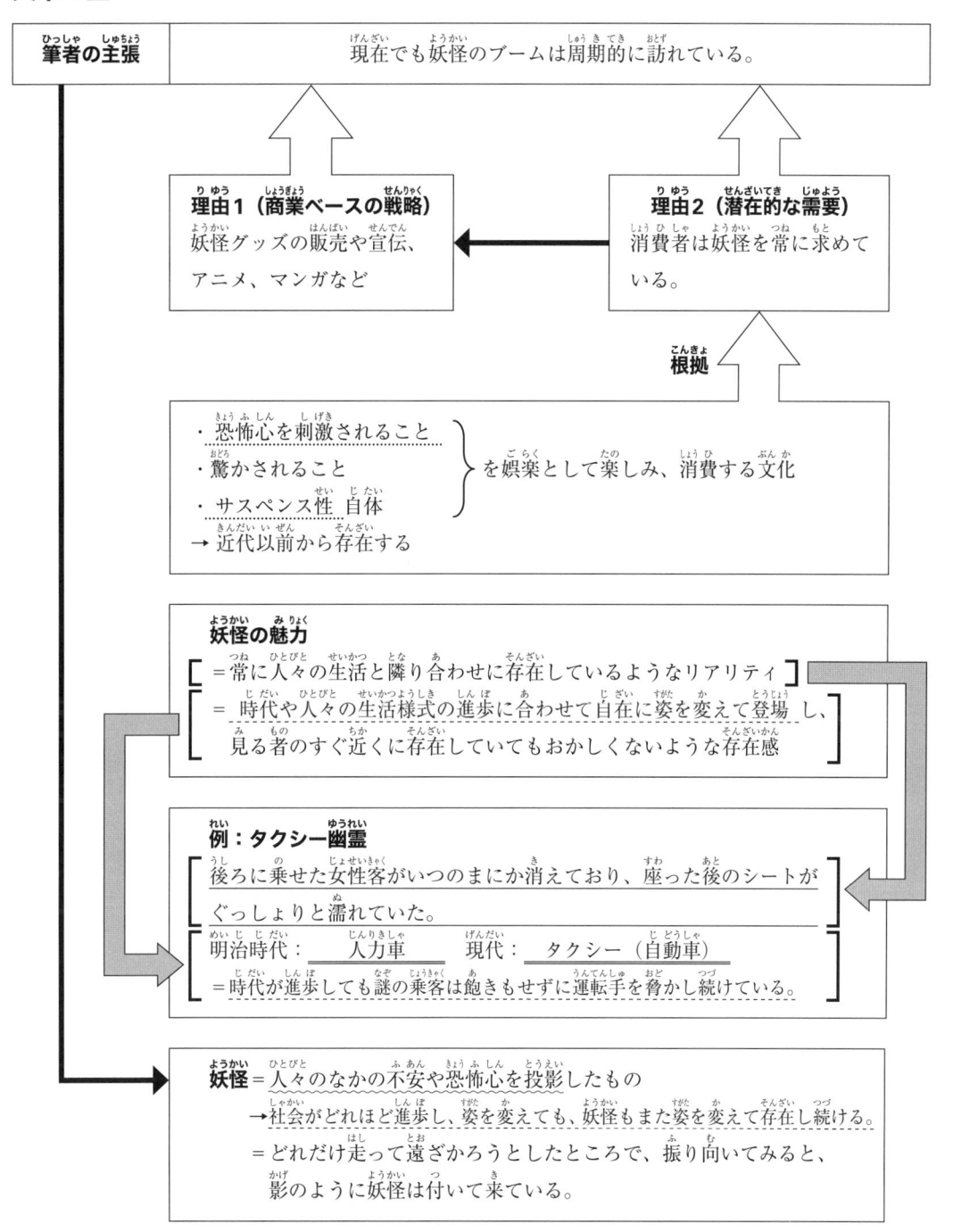

筆者の主張	現在でも妖怪のブームは周期的に訪れている。

↑　　　　　　　　　　　　　　　　　↑

理由1（商業ベースの戦略）
妖怪グッズの販売や宣伝、アニメ、マンガなど　　←

理由2（潜在的な需要）
消費者は妖怪を常に求めている。

↑ **根拠**

- 恐怖心を刺激されること
- 驚かされること
- サスペンス性自体

｝を娯楽として楽しみ、消費する文化

→ 近代以前から存在する

妖怪の魅力
[＝ 常に人々の生活と隣り合わせに存在しているようなリアリティ]
[＝ 時代や人々の生活様式の進歩に合わせて自在に姿を変えて登場し、見る者のすぐ近くに存在していてもおかしくないような存在感]

例：タクシー幽霊
後ろに乗せた女性客がいつのまにか消えており、座った後のシートがぐっしょりと濡れていた。
明治時代：人力車　　　現代：タクシー（自動車）
＝ 時代が進歩しても謎の乗客は飽きもせずに運転手を脅かし続けている。

妖怪 ＝ 人々のなかの不安や恐怖心を投影したもの
→ 社会がどれほど進歩し、姿を変えても、妖怪もまた姿を変えて存在し続ける。
＝ どれだけ走って遠ざかろうとしたところで、振り向いてみると、影のように妖怪は付いて来ている。

Q&A

1. a、b、d
2. a
3. d
4. c

練習

1. 1）道がこんなに混んでいるのはなぜ？　2）キムさんが日本に来たのはいつ？
   3）このあたりで桜がきれいなのはどこ？　4）あのビルの隣にあるのは何？
2. 1）東京は、日本の首都である。
   2）この鳥は姿も色も鳴き声もまるでカラスのようである。
   3）江戸時代は外国との交流が少ない時代であった。
   4）日本は火山が多いため、地震が多い国なのである。
3. 1）知らずに　2）買わずに　3）忘れずに　4）急がずに
4. 1）b　2）a　3）b　4）b
5. （解答例）
   1）もう6時半です。今からタクシーで行ったところで、7時からのコンサートには間に合わないでしょう。
   2）彼にはひどいことをしてしまった。謝ったところで、許してくれないだろう。
   3）うまく発表できなかった。もっと練習しておけばよかった。でも、今になって後悔したところで、もうやりなおしはできない。
   4）もう3時間も話し合っている。これ以上みんなで話したところで、いい意見は出ないだろう。

ことばのネットワーク

1. 1）的　2）感　3）業　4）性
2. 1）を／に・訪れる　2）を・振り向く　3）を・与える　4）に・合わせて
   5）に・飽きて
3. 1）戦略　2）様式　3）恐怖　4）周期的　5）潜在的
4. 1）いつのまにか　2）どれだけ　3）なんと　4）自在に　5）まったくの

第7課 "想定外"の地震だった？

読むまえに

2. 1) エ　2) ア　3) ウ　4) イ　　3. 1) b　2) c

文章の型

事実：東北地方太平洋沖地震＝"未曽有"（"いまだかつてあらず"）の大地震という言葉が使われる。

意見：（　しかし　）、<u>地球の規模でみた場合</u>、M9.0はけっして未曽有ではない。

　根拠：1. 1960年チリ沖地震　　　　　M9.5
　　　　　2. 1964年アラスカ地震　　　　M9.2
　　　　　3. 2004年スマトラ島沖地震　　M9.1
　　　　　4. 2011年東北地方太平洋沖地震　M9.0

意見：<u>地球の営み</u>としては、M9クラスの超巨大地震の発生はごくあたり前。

別の言いかた：<u>地球の営み</u>に対する人間側の<u>経験不足</u>
　　　　　→ "想定外"、"未曽有の"という表現。
　根拠：地球の自然がたどってきた長大な時間 ⇔ 人間の<u>経験してきた時間</u>はあまりにも短い。
　　　　　（まして）、近代科学が地震現象の解析を進めてきた時間：ほんの一瞬

（　たしかに　）、その"一瞬"のあいだに、地球の科学は多くの成果をあげてきた。防災上の貢献も果たしてきた。

結論：（　ただ　）その科学が、時間的にも空間的にも、さらに<u>大規模な自然現象</u>を測りきれなかった。＝東北地方太平洋沖地震

Q & A

1．これまでにないという意味　2．d　3．b　4．c　5．c

練習

1．1）珍しくありません／珍しくなくなりました　2）運転してはいけません
   3）忘れません　4）言ってはいけません／言うな
2．1）将来に対する前向きな姿勢が　2）駐車違反に対する罰金を1か月以内に
   3）A社のサービスに対する不満や苦情が
3．（解答例）
   1）「桃太郎」の話は日本の子どもたちに愛されてきた／読まれてきた。
   2）これまでN食品会社が開発してきた／販売してきた商品は、全部で100種類以上ある。
   3）今まで仕事ばかりしてきたが、これからは趣味も大切にしたい。
   4）あなたのわがままをずっと我慢してきた／許してきたが、もうこれ以上、がまんできない。
4．（解答例）
   1）犬は飼い主の言うことをよく聞くのに対して、猫は自由にしているのが好きだ。
   2）都会での生活は何かと疲れるのに対して、田舎の生活はのんびりできる。
   3）私は甘い物が好きなのに対して、姉は甘い物が苦手だ。
5．（解答例）
   1）私は授業中にあくびをしただけで、A先生に注意されました。まして、居眠りなどしたら、ひどく叱られますよ。
   2）私は将棋が好きだけれど、学生の大会でも勝ったことがない。まして、プロに勝てるはずがない。
   3）初めて会った人に年齢を聞くのは失礼です。まして、独身かどうかなど聞いてはいけません。
6．（解答例）
   1）このマンションには幽霊が出ると言われていますが、うわさにすぎません。
   2）フランスに留学していたことはあるのですが、わずか1か月にすぎません。
   3）ダイヤモンドのようにきれいに光っているけれど、これはただのガラスにすぎない。

7．(解答例)
   1) たしかに、日本人は写真好きだ。しかし、職場に家族の写真を飾らない人は多い。
   2) たしかに、昨日の試験は難しかったと思います。でも、勉強していたら、できたはずです。
   3) たしかに、あの歌手は歌がうまい。でも、あの声はあまり好きではない。
8．1) いつでも遊びに来てください。ただ、土曜日だけは用事があるので、他の日にしてください。
   2) 私はビールもワインも好きです。ただ、たくさんは飲めません。
   3) この山は、子どもでも登りやすいので人気があります。ただ、雨の日は危ないですから気をつけてください。
9．1) アンケート用紙をもらったが、書きたいことが多すぎて、書ききれなかった。
   2) 私は毎日たくさんの失敗をしていますから、小さな失敗は、数えきれません／覚えきれません。
   3) 父は私に「歌手になる夢をあきらめて他の仕事を探せ」と言うが、どうしてもあきらめきれない。
10．1) 子どもが川で泳いでいるのを見ました。川で泳ぐのは危険なのではないでしょうか。
   2) 規則を作っても、だれも守れないのなら、もう一度話し合って作り直したほうがいいのではないでしょうか。
   3) 卒業論文を今から直しても、明日の締め切りまでに間に合わないのではないでしょうか。

ことばのネットワーク

1．1) 大　2) 超　3) 未　4) 外
2．1) 想定　2) 現象　3) 発生　4) 観測　5) 防災
3．1) を・もたらし　2) が・たどって　3) を・進めて　4) を・あげ
   5) を・果たし
4．1) いまだかつて　2) あまりにも　3) ごく　4) ほんの　5) まして
   6) ただ　7) さらに

書いてみよう

1．1) 防ぐ　2) 偉大な　3) 予測して　4) 非力さ

第8課　クジラと日本人

文章の型

捕鯨を進めようとする人たち	捕鯨に反対する人たち
・　日本人　 ・昔からクジラと　親しんできた　 ・クジラは　食べ物　として　貴重なタンパク源 ・クジラを食べることは日本人の　文化　→ これを　守るべき　だという意見	・イギリス人、アメリカ人 ・　クジラの油を得る　ために18世紀からクジラを捕っていた ・クジラを食べる習慣は　ない　 ・「日本人は知能が発達した動物を食べる民族」と日本人を非難
・生物資源は基本的に魚もクジラも同じで、利用できるものは利用すべき ・IWCの捕鯨禁止の決定は　科学的ではない	・クジラは哺乳類だから　魚類と分けて考える　べき

（このように）

⬇

捕鯨の問題：さまざまな国民の感情や国際問題が絡んでいる。
→ どの国の意見が正しいとは　簡単には言えない　。

Q & A

1. 1) A 2) B 3) B 4) A 5) A 2. b
3. 1) B 2) A 3) B 4) A 5) A
4. （解答例）筆者は捕鯨に関して、さまざまな国民の感情や国際問題が絡んでいるので、どの国の意見が正しいとは簡単に言えないと述べています。

練習

1. 1) 借りたお金は早く返すべきでしょう。
   2) 税金はもっと安くすべきだと思います。
   3) 出席している人の意見だけで決めるべきではないと思います。
2. （解答例）
   1) 日本、タイ、イギリスなどでは、車は左側通行なので、右ハンドルの車が多い。一方、アメリカや中国では、車は右側通行なので、左ハンドルの車が多い。
   2) 年配の人は、伝統的なものを大切にしようとする。一方、若い人は、新しいものを求める。
   3) 一般的に、男の子は電車や車のおもちゃで遊ぶのが好きだ。一方、女の子は、人形やおもちゃの料理道具で遊ぶのが好きだ。
3. 1) また 2) そのため 3) だから 4) 一方
4. という → 一方 → として → そのため

ことばのネットワーク

1. 1) 的 2) 類 3) 資源 4) 問題
2. 1) を・述べ 2) と・主張して 3) に・決定し 4) を・非難する
   5) に・反対する
3. 1) 得た 2) 利用 3) 発達 4) 親しんで 5) 絡んで
4. 1) 知能 2) 源 3) 貴重 4) 感情

書いてみよう

1. 1) 継続する 2) 知能が高い 3) 哺乳類 4) 感情的に 5) 習慣的に

話し合ってみよう

1. 1) h 2) a、e 3) c、f、g 4) d 5) b

第9課　サルの視力検査

読むまえに
1. 視力検査の図

文章の型

【目的】サルの視力（動物の知覚能力）についての調査

【方法】　条件づけの学習　　　…　デバロアたちの実験

【装置】テレビのスクリーン　4台（1台：しま、3台：同じ灰色のパターン）
　　　　サルの手もと：　　四つのキー　　：各スクリーンに対応

【準備】訓練
　　　　　どのスクリーンにしまが出ているか　ということを、
　　　　　　　　キーを押す　　　　　ことによって反応させる
　　　　　　　　　　　　　　‖
　　　　　正しいスイッチを押す　→　ジュースがもらえる
　　　実験のまえには水を飲ませない
　　　→　ジュースをとても欲しがる　→　一生懸命課題をやる

【結果】しまが　　粗い　　　　　→　正しく反応
　　　　しまが　　視力　以上になる　→　でたらめに押す

【結論】サルと人間：
　　　　1）視力は　　　　　　　　だいたい同じ
　　　　2）暗くなると　　　　　視力が低下
　　　　3）色の識別能力も　　　ほぼ一致

Q & A

1. a
2. （2）サルがのぞき穴からテレビの4台のスクリーンを見る。
   （1）サルに水を飲ませないでおく。
   （3）サルは4台のスクリーンからしまのあるスクリーンを探して、そのキーを押す。
   （4）サルがでたらめにキーを押すようになるまで、しまを細くする。
3. d 4. b

練習

1. （解答例）
   1）このレストランは、おいしいだけでなく、値段も安い。
   2）この大学は、医学部だけでなく、工学部も有名だ／医学部が有名なだけでなく、工学部も人気がある。
   3）今度の台風では、飛行機が飛ばなかっただけでなく、新幹線も動かなかった。
2. 1）サルも木から落ちる 2）好きこそ物の上手なれ 3）餅は餅屋
3. （解答例）
   1）携帯電話が借りられる、シャワールームが使えるというように、この空港には便利なサービスがたくさんある。
   2）平日は500円、土日は1,000円というように、入場料は、曜日で異なる。
   3）歌が上手、スポーツが得意というように、あの人はいろいろなことができる。
4. （解答例）
   1）ツアーガイド：バスで行きますと、20分ぐらいかかります。
   2）スーパーの店員：この通路をまっすぐ行きますと、左にありますよ。
   3）薬局の人：いいえ、たくさんつけますと、体によくありません。
   4）お時間がありましたら、ここでコーヒーでもいかがですか。
   5）同窓会にいらっしゃるそうですね。鈴木先生に会われましたら、よろしくお伝えください。
5. 1）娘が新しい服を欲しがっています。
   2）友達は車を欲しがっています／買いたがっています。
   3）スミスさんは国へ帰りたがっています。
   4）ブラウンさんは、サッカーチームに入りたがっています。

6．（解答例）
　　1）B：　だから、毎日大変なわけですね。
　　2）B：　それで、授業に来ないわけですね。
　　3）B：　だから、忙しいわけですね。

7．（解答例）
　　1）明日は山田さんご夫妻と鈴木さんもいらっしゃるのですか。じゃ、パーティーの参加者は最初の予定より3人多いわけですね。
　　2）プレゼントを100個用意して9個あまった。つまり、昨日のパーティーには91人が参加したわけだ。
　　3）今日、体重を量ったら80キロだった。先週77キロだったから、1週間で3キロも増えたわけだ。

8．1）バスが山道を上っているとき、右へ、左へと曲がるので、気持ちが悪くなってきました。
　　2）以前、車は若者のあこがれでしたが、最近は、車を欲しがらない若者が増えてきたそうです。
　　3）ビーフステーキのことを「ビフテキ」とも言いますが、最近このことばは、使われなくなってきました。
　　4）この川は以前はとても汚れていましたが、町の人たちの努力で、きれいな川に変わってきました。

9．ところ　→　というように　→　によって　→　だけでなく

ことばのネットワーク

1．1）b　2）a　3）d　4）a　5）c
2．1）が・近づいて　2）が・一致する　3）を・のぞく　4）を・訓練して　5）を・示して
3．1）さまざまな　2）すべて　3）手もとに　4）ほぼ　5）でたらめに
4．1）①　2）③　3）②

書いてみよう

1．1）設定する／した　2）立てて　3）明らかにし　4）検討した　5）設置して
　　6）測定して　7）記録して　8）分析し

第10課　子どもの絵

文章の型

```
リュケの本　　1920年代の作品
（　子ども　）の絵について書いてある
```

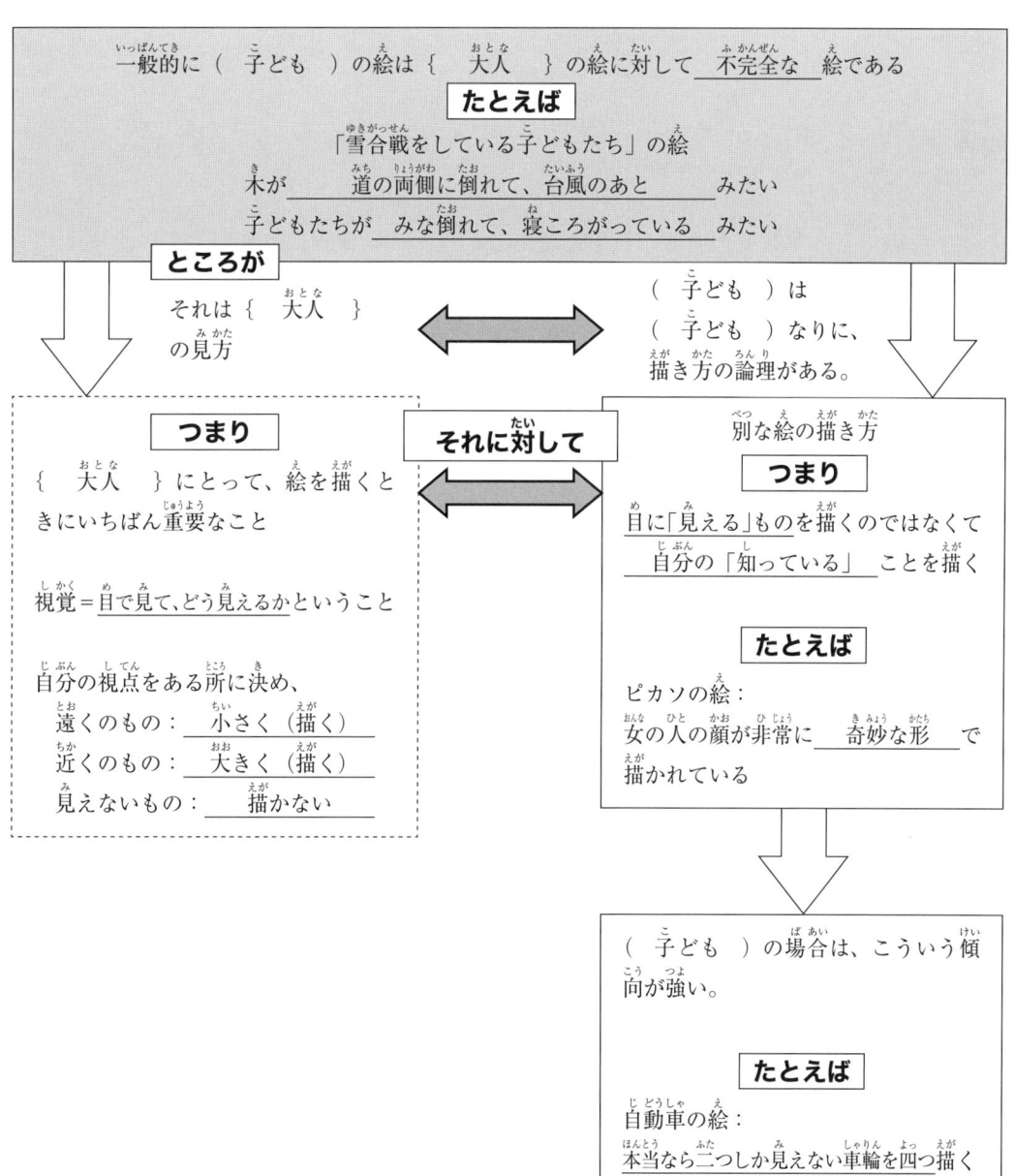

一般的に（　子ども　）の絵は｛　大人　｝の絵に対して　不完全な　絵である

たとえば
「雪合戦をしている子どもたち」の絵
木が　　道の両側に倒れて、台風のあと　　みたい
子どもたちが　みな倒れて、寝ころがっている　みたい

ところが

それは｛　大人　｝の見方　⇔　（　子ども　）は（　子ども　）なりに、描き方の論理がある。

それに対して

つまり

｛　大人　｝にとって、絵を描くときにいちばん重要なこと

視覚＝目で見て、どう見えるかということ

自分の視点をある所に決め、
　遠くのもの：　小さく（描く）
　近くのもの：　大きく（描く）
　見えないもの：　描かない

別な絵の描き方

つまり

目に「見える」ものを描くのではなくて
　自分の「知っている」ことを描く

たとえば

ピカソの絵：
女の人の顔が非常に　奇妙な形　で描かれている

（　子ども　）の場合は、こういう傾向が強い。

たとえば

自動車の絵：
本当なら二つしか見えない車輪を四つ描く

43

Q & A

1．1920年代にフランスのリュケによって書かれた。

2．b

3．1) B　2) A　3) B　4) A

4．子どもの絵に近い。目に「見える」ものが描かれているのでなく、あるということを「知っている」ことが描かれているから。

5．b

練習

1．（解答例）
1) 毎日ジョギングをする、夜早く寝るというふうに健康に気をつけています。
2) この学校にはアルバイト禁止、制服を着なければならないというふうにさまざまなルールがあります。
3) このドアは古いので、押す、たたくというふうにいろいろやってみないと開かないんですよ。
4) 子どもに長時間ゲームをさせないためには、ゲームは一日2時間までというふうに子どもに約束させるとよい。

2．（解答例）
1) 雨の日は電車に傘を忘れがちです。気をつけましょう。
2) ゲームをしていると睡眠不足になりがちなので、時間を決めてやりましょう。
3) 息子は、よく風邪を引くし、病気がちで心配なのですが、毎日頑張って学校に行っています。

3．（解答例）
1) アドバイスしていただき、感謝しています。でも、私は私なりの方法でやってみます。
2) 都会での生活はたしかに便利ですが、田舎は田舎なりに、自然に囲まれて楽しい生活ができます。
3) お金がないのも困りますが、金持ちは金持ちなりの苦労があると思います。

4．（解答例）
1) 田中さんはこの問題について調べていたので、詳しいことを知っているのではないか。

2）台風が近づいているので、授業は休みになるのではないかと思う。

3）景気がよくないので、卒業しても就職できないのではないかと学生たちは心配している。

5．1）起こり　2）表し　3）考え

6．1）薬の飲み方の「食後30分」は「30分後」ではなくて、「30分以内」のことです。

2）日本人の好きなカレーライスはインドから来たのではなくて、イギリスから来ました。

3）成田国際空港は、東京ではなくて、千葉県にあります。

7．（解答例）

1）B：　つまり、いとこということですね。

2）B：　では、一日3,000円もらえるということですね。

3）B：　なるほど。色の見え方が違うということですね。

ことばのネットワーク

1．1）大切な　2）変な　3）確かに　4）特徴をよく表す　5）古い時代を感じる

2．1）非　2）無　3）不　4）未

3．1）が・倒れて　2）に・寝ころがって　3）を・決めて　4）が・描かれて

5）に・くっついて

4．1）傾向　2）論理　3）視点　4）評価　5）方面

書いてみよう

1．1）暗い・明るい　2）リアルに　3）現代的な・伝統的な　4）落ち着いた

5）誇張して　6）生き生きして

2．（解答例）

Aの絵		Bの絵	
特徴	例	特徴	例
・落ち着いた雰囲気 ・リアルだ	静かな感じがする 写真のように描いてある	・生き生きしている ・誇張している	人が大勢いて賑やかだ 太陽がマンガのようだ

話し合ってみよう

1. 1）①本番でうまく話せて、自分でもびっくりしています。
    ②緊張せずにできて、満足しています。
   2）①マイクが途中で故障してしまって、残念です。
    ②聞きながらおしゃべりする人がいて、がっかりしました。
   3）①秋に受けなければよかったです。夏からの勉強では間に合いませんでした。
    ②過去に出た問題をもっと勉強しておけばよかったです。同じような問題がたくさん出ました。